当代中国国家治理丛书

国家"211工程"重点建设项目资助
江苏省高校优势学科建设工程资助项目
江苏省重点学科政治学一级学科资助项目
马克思主义生态文明理论与江苏生态文明实践协同创新中心资助项目
江苏省"十二五"重点图书出版规划项目

丛书主编 赵晖

秦晓蕾 著

青年公务员压力源
——制度解决与行为回应

南京师范大学出版社
NANJING NORMAL UNIVERSITY PRESS

图书在版编目(CIP)数据

青年公务员压力源：制度解决与行为回应 / 秦晓蕾著. —南京：南京师范大学出版社，2016.12
（当代中国国家治理丛书）
ISBN 978-7-5651-2570-6

Ⅰ.①青… Ⅱ.①秦… Ⅲ.①公务员制度－研究－中中 Ⅳ.①D630.3

中国版本图书馆CIP数据核字(2016)第052568号

书　　名	青年公务员压力源:制度解决与行为回应
作　　者	秦晓蕾
责任编辑	刘娟娟　于丽丽
出版发行	南京师范大学出版社
地　　址	江苏省南京市宁海路122号(邮编:210097)
电　　话	(025)83598919(总编办)　83598412(营销部)　83598297(邮购部)
网　　址	http://www.njnup.com
电子信箱	nspzbb@163.com
照　　排	南京凯建图文制作有限公司
印　　刷	江苏凤凰通达印刷有限公司
开　　本	660毫米×970毫米　1/16
印　　张	13
字　　数	204千
版　　次	2016年12月第1版　2016年12月第1次印刷
书　　号	ISBN 978-7-5651-2570-6
定　　价	42.00元
出版人	彭志斌

南京师大版图书若有印装问题请与销售商调换
版权所有　侵犯必究

总　序

新中国建立以来,经济、政治、文化、社会和生态等各方面均发生了巨大的变化。以改革开放为分水岭,新中国的发展分为两个阶段。改革开放以前,中国建立和实行一套计划经济体制以及与之相适应的政治体制、行政体制、文化体制和社会体制。实践证明,计划经济条件下以高度集中的政治体制为单一重心的国家治理方式经过30年的曲折发展,已然不能适应当代中国经济社会发展的需要。

改革开放以来,国家治理呈现出若干显著特征:(1)经济体制改革推动政治体制的适应性改革,政府管理由计划经济体制的管理逐渐转向市场经济体制的管理。(2)现代化条件下的国家治理方式经历了一个不断深化的过程,改革的重点由精简机构、党政分开到转变职能、政企分开,再到注重效率、责任行政、服务型政府的构建。(3)政府角色和管理方式逐步转型,从过去完全是管制型政府、全能型政府,转变为一个能够注重社会管理、注重服务质量的政府;由过去完全的社会资源的分配者逐步转变为资源的保护者、调控者和公共物品的提供者;行政行为由控制结果、权力主导转向过程管理、规则透明、服务主导。

国家治理方式改革虽然取得了一些实效,但是一些深层次的问题并未得到根本解决。当前的主要问题在于:(1)政府职能转变相对滞后的局面没有得到改变,政府在提供公共服务方面,和公众的需求相比,还存在着明显的差距,主要表现为对公共服务职能重视不够,公共服务投入不足,公共服务体制僵化,质量不高。(2)将国家治理成果完全量化,强调数字化的政绩,忽视社会全面、协调、可持续发展。在经济增长论英雄观念的长期主导下,公共服务理念并未引起一些地方领导的足够重视,招商引资、上项目、征地、筹措资金、经济规划等问题成为政府决策的主要议题,一些亟待解决的重大民生问题被忽视,形式主义、官僚主义、政绩工程等问题未能得到有效的遏制。(3)尚未建立公共服务型财政体制。目前中国的财政体制基本还是"建设财政"和"吃饭财政",其中用于经济建设的费用明显偏高,而用于社会服务的费用偏低。公共支出被过多地投入竞争性和盈利性领域,而涉及公共安全、公共卫生、教育事业、社会保障和基础设施方面的财政投入不足。(4)国家机构改革依然没有跳出"精简—膨胀—再精简—再膨胀"的循环,政府部门设置过多,部门之间职能交叉、权责不清、部门利益化比较突出等。

解决当前国家发展中存在的深层次问题的根本路径就是,在整个中国特色社会主义民主政治的框架下,依法治国,全面构建现代化的国家治理体系与提升现代化的国家治理能力。推动今日中国国家治理研究须坚持三条基本方法论。

1. 西方治理理论必须与中国本土化相结合

20世纪70年代以后,西方国家因为国家机构的庞杂僵化和效率低下等问题,将治理理论引入了政治学领域,其中突出表现为管理理论的更新。以奥斯本为代表的学者,主张在政府等公共部门广泛采用私营部门成功的管理方法和竞争机制,强调文官对社会公众的响应力和政治敏感性,倡导更加灵活、富有成效的管理。其后以登哈特为代表的一些学者,又提出了新公共服务理论,认为政府的职责是服务而非掌舵,追求公共利益是政府的最终价值。新公共服务理论将公民置于整个治理体系的中心,推崇公共服务精神,重视政府与社区、公民之间的对话沟通与合作共治,试图实现政治与行政、民主与效率在更高层次上的统一。这些理论不仅有力推动了西方国家公共行政的转型,也为推动当下中国公共行政转型提供了有力的理论支撑。

然而,西方国家治理理论,从一般理论设计到学科体系安排,都是以该国的国情与实践为背景和分析基础的,其理论设计和学科体系的安排必须解决两大问题:一是对该国现实的国家治理中的现象与问题进行理论解释，以解除人们认识上的困惑；二是对该国未来的国家治理活动进行理论指导，防止具体的治理实践活动误入歧途。可见，西方的国家治理理论实际上是该国国家治理活动中各种实践活动在理论层面的反映和诉求，其理论设计和学科体系安排与该国国情是紧密契合在一起的。加上不同国家的文化差异，导致国家治理理论中的基本概念的使用都被深深地打上了本国文化习惯的烙印。对于这种与某国国情相适应的公共行政理论，我们不能简单地照搬照抄过来，我们的正确态度只能是将其作为研究分析的素材和思路，结合我国的国情和我国的国家治理实践要求，进行必要的理论和理论体系的再创造。为此，我们要立足中国国情，坚持将西方国家治理理论与中国具体实践相结合，着力将西方先进的治理理论与中国传统文化相结合，科学、合理地批判、借鉴和吸收西方国家治理活动发展中所形成的基本理论，并以此来指导当前中国国家治理现代化的伟大实践，推进西方国家治理理论的中国化，为实现中国的国家治理现代化目标作出贡献。

2. 抓住政府理念转型建设这一关键议题

政府理念转型是贯穿当下中国国家治理的关键议题，是中国国家治理现代化的基本方向，是现代化国家治理方式的理论路径与现实目标。我国的政府理念属于传统型行政管制理念，政府是公民的管理者，公民处在政府政治权力的统一管制之下，并未将公民及其他社会组织视为对等的主体。同时，还认为政府职能无所不包。管制政府通常是所谓的"全能型政府"，政府权力渗透到经济社会生活的方方面面，然而在提供公共产品和公共服务方面却缺乏物质保障。由于传统的管制行政模式缺乏调动公众积极性的有效手段，束缚了经济社会的健康发展，社会财富贫乏，公众的生活只能维持在较低的水平，民生陷入困境。市场化改革以来，由于政府在医疗、教育、就业、住房等问题上把一些本该由政府承担的职能推向市场，而市场的作用也不是万能的，因为市场机制在公共产品和公共服务供给上会失灵，于是种种民生问题凸显出来，教育、医疗、社会保障、住房等成为民众普遍且持续关心的问题，已到了非解决不可的地步。

要解决这些问题,根本的出路在于以全新的国家治理方式,推动实现政府职能的切实转变,并进行相应的机构改革,即从传统的国家管理转变为现代化的国家治理,打造真正的服务型政府。服务型政府就是要为社会服务,为公众服务,这不仅仅是对政府公共服务职能和社会管理职能的强调,也是对社会主义市场经济条件下政府管理本质、政府职能和管理方式的要求,包括政府如何服务于中国经济和社会的可持续发展,如何适应基本公共服务均等化要求,如何有效解决重大的民生问题等。

3. 促进社会治理与政府改革的有效互动

在国家治理现代化中,体制改革和社会治理都要经受考验,一切都要为适应内外的压力和挑战而进行积极的变革。当下中国正在经历一场伟大的现代化社会治理运动,即从农业的、乡村的、封闭的半封闭的传统型社会,向工业的、城镇的、开放的现代型社会转型。当代中国社会治理的实质就是如何完成经济、政治和思想文化等领域全面性的社会变革,完成由传统农业社会向现代工业社会、传统计划经济体制向社会主义市场经济体制、封闭型社会向开放型社会转变的社会变迁和社会发展,实现"中国式"的现代化。当下中国的社会治理对政府改革提出了紧迫的要求和严峻的挑战:公民对行政知情和参与的权利意识凸显,对于行政机构和行政者公正、关怀、善治与精细化服务的诉求和期待不断上升,而行政领域的信息透明度仍然不高,许多涉及群众切身利益、发展与福祉的问题未能得到足够的重视和解决;当代行政的系统性与交互性不断增强,而现实中"自上而下"的单向式行政模式难以满足新形势与复杂环境下社会治理科学性与精细化的需要;新兴领域不断涌现,导致现有的行政监管盲区也不断扩大,而目前的行政资源、技术手段和制度保障严重不足,难以适应社会发展的需要;现实中不断涌现的众多公共问题和社会矛盾日益尖锐突出,亟待更优的行政管理和行政决策来解决和完善。在此背景下,中国宏观的国家治理理念与方式要尽快适应社会治理活动中变化的趋势,加快体制机制的改革,通过自身的改革积极回应社会治理的现实需求,强化政府的社会管理和公共服务,真正把政府自身的重心转移到医疗、教育、社会保障等民生领域中来,使公共行政成为实现社会转型目标的强大动力和重要保障,让中国的社会治理和社会发展从此进入到一个制度文明的新时代。

推动当代中国国家治理现代化是一项长期而艰巨的任务。遵循上述三条基本方法论,真正实现传统国家管理向现代国家治理转型,就必须在行政理念转型、政府形象塑造、政府绩效优化、公共政策创新、政府职能转变等方面下功夫。这几个方面构成了当前中国国家治理的核心课题。

转变治理理念是传统国家管理向现代国家治理变迁的前提。传统国家管理倾向于把效率视为政府行政管理的最终目的,从而常常使自己陷入单纯工具理性的泥淖。由于过分强调对效率和工具理性的追求,公共行政无力反省自身的根本价值,将其变为执行与管理的工具,以致它不但无力担负起捍卫民主政治价值的责任,也无法实现提升公民道德水准的使命。坚守以民主、平等、自由、秩序、公共利益为核心的公共精神,推动公共行政以为最广大人民群众的根本利益服务为终极目标,是现代国家治理的价值体现,也是走出传统国家管理困境的必由之路。

国家治理中,政府是政策制定与决策的主导与核心。政府形象既是政府活动的产物,又是政府治国理政的前提和资源。如果政府在社会公众心目中的形象比较良好,这种形象就会转化为政府履行职能、提高公共服务能力的积极资源。反之,就可能会妨碍政府履行职能,甚至削弱政府的公信力和执行力。政府良好的形象需要政府的各级部门和政府中的公职人员通过自己的不懈努力来塑造。一个政府全心全意服务于公众,坚持依法行政,勇于担当责任,处处节约廉洁,有较高的执行力,它就具有树立良好形象的基础。因而,必须把各级人民政府的行政权力纳入法治化的轨道,建设法治政府;同时加强对行政权力的监督和制约,建设责任政府。

良好的政府形象要建立在公共服务的优质绩效上。在现代国家治理理念下,需要探索的是科学、合理的政府绩效优化管理,即政府绩效管理必须立足于优化政府公职人员的服务行为和质量,必须优化政府部门行为和服务的质量,必须优化政府整体行为和公共服务质量,制定绩效战略,明确各个层面的绩效目标,来达到优化政府绩效的目的。

公共政策是保证国家治理现代化进程的重要基础条件。公共政策的制定和实施是服务型政府的一项经常性工作。顺应体制转轨的需要,作为治国理政重要手段的公共政策必须创新,而且政府优良的形象和良好的绩效也要依赖于公共政策创新。公共政策创新的任务就是要致力于消解政策冲突、政策风险、政策负排斥、政策执行偏差、政策终结受阻、政策供给滞后等公共行政转型的难题。

政府职能转变是国家治理现代化的关键环节,其成败直接关系到国家治理转型的成败。总体而言,政府职能就是处理公共问题,包括经济调节、市场监管、社会管理和公共服务等,大量非公共性的问题应让位给市场,让位给社会。因此,必须转变政府职能,推进政府治理创新,从根本上理顺政府与市场、政府与社会的关系,强化政府公共服务职能,实施民生战略,提升政府公共服务能力,构建民生型政府。

基于以上考虑,我们不揣浅陋,编写"当代中国国家治理丛书"。本丛书的作者均为南京师范大学公共管理学院的教师。丛书从不同视角对当代中国国家治理进行解读,试图更加深刻地揭示当代中国国家治理的历史背景、动力机制,深入探究当代中国国家治理的价值向度和内在规律。然而囿于学术水平,一些观点可能存在疏漏和不当之处,我们热诚欢迎学界同仁和广大读者的批评指正。

本丛书的出版得到了江苏高校优势学科建设工程项目的资助;南京师范大学出版社徐蕾女士、张春女士对丛书的出版倾注了大量的支持、关心和帮助;本丛书吸收了学界同仁的研究成果,在此一并表示衷心感谢。

南京师范大学公共管理学院　赵晖
2015 年 12 月 12 日于随园

目 录

总 序 …………………………………………………………… 1

绪 论 …………………………………………………………… 1
 第一节 新常态下我国政府治理模式的变迁与转型 ………… 1
 第二节 我国干部人事制度改革的历史演变与制度推进 …… 9
 第三节 公务员角色定位与困境：规范与人性的冲突与失范 … 23
 第四节 本书研究的基本脉络 ………………………………… 28

第一章 青年公务员工作压力源的思想渊源 ……………… 31
 第一节 公务员群体的政治心理探析 ……………………… 31
 第二节 认知—评价与应对理论 …………………………… 34
 第三节 资源保存理论视角下的压力研究 ………………… 39

第二章 国内外研究现状与理论架构的提出 ……………… 43
 第一节 公务员工作压力研究回顾 ………………………… 43
 第二节 公务员胜任力研究回顾 …………………………… 52
 第三节 公务员工作压力与绩效关系研究回顾 …………… 59
 第四节 本书的理论框架 …………………………………… 62

第三章 研究量表编制与测量 ……………………………… 70
 第一节 基于实证精神的研究方法 ………………………… 70
 第二节 青年公务员工作压力源量表编制 ………………… 76
 第三节 青年公务员通用能力量表和工作绩效量表测量 … 83

第四章 青年公务员工作压力源与绩效关系:以胜任力为调节变量 …… 87

第一节 我国青年公务员工作压力源现状 …… 87
第二节 我国青年公务员胜任力及工作绩效现状 …… 92
第三节 青年公务员工作压力源对工作绩效影响研究 …… 96
第四节 青年公务员胜任力对工作压力源与工作绩效关系调节作用研究 …… 100

第五章 基于行政人性—结构—行为平衡的制度解决与行为回应 …… 110

第一节 行政人性—结构—行为平衡模型构建 …… 110
第二节 青年公务员心理援助计划的路径实现 …… 116
第三节 推进青年公务员人岗匹配管理 …… 122
第四节 基于胜任力的青年公务员培训体系构建 …… 132
第五节 人本化管理模式下青年公务员职业生涯的困境与突破 …… 138
第六节 压力管理视角下的青年公务员绩效评估体系创新 …… 155
第七节 提升青年公务员胜任力的公共部门跨职能团队协作系统的构建 …… 161
第八节 压力管理制度解决上的行为回应 …… 176

第六章 研究结论与展望 …… 181

参考文献 …… 185

附 录:调查问卷 …… 192

后 记 …… 200

绪 论

习近平总书记提出了"四个全面",即全面建成小康社会、全面深化改革、全面依法治国、全面从严治党的总战略方针,强调全面提升治理能力,构建完整的治理体系,实现国家治理的现代化。然而,当前我国的经济体制和社会形态正处于深刻的转型期和变革期,此阶段表现出多重特征:一方面,政府外部的不确定性因素激增,国内国际经济形势发展错综复杂,社会结构快速分化,突发事件频繁发生,各种矛盾易于激化,分配正义面临挑战,网络监督逐步推进;另一方面,政府内部组织流程创新的强度加大,人力资源管理变革的力度加深,在法律约束下的公务员管理体制的规范性加强。国家治理能力现代化再加上内外形势的压力对政府治理能力提出了新的要求与挑战,青年公务员成为提升政府治理能力、执行"四个全面"的核心骨干与后备力量,青年公务员的组织与培养成为干部人事制度的可持续增长点。

第一节 新常态下我国政府治理模式的变迁与转型

一、新常态下我国的经济稳增长调结构模式

2014年的中央经济工作会议指出,我国经济正在向形态更高级、分工更复杂、结构更合理的阶段演化,经济发展进入新常态,正从高速增长转向中高速增长,经济发展方式正从规模速度型粗放增长转向质量效率型集约增长,经济结构正从以增量扩能为主向调整存量、做优增量并存的深度模式转型,经济发展动力正从传统增长点转向新的增长点。认识新

常态,适应新常态,引领新常态,是当前和今后一个时期我国经济发展的大逻辑。① 李克强总理在做2015年政府工作报告时提到,2014年我国经济社会发展总体平稳,稳中有进。"稳"的主要标志是,经济运行处于合理区间,体现在以下几个方面:一是增速稳,国内生产总值达到63.6万亿元,比上年增长7.4%,在世界主要经济体中名列前茅;二是就业稳,城镇新增就业1 322万人,高于上年;三是价格稳,居民消费价格上涨2%。"进"的总体特征是,发展的协调性和可持续性增强,体现在以下几个方面:经济结构有新的优化,粮食产量达到1.21万亿斤,消费对经济增长的贡献率上升3个百分点,达到51.2%;服务业增加值比重由46.9%提高到48.2%,新产业、新业态、新商业模式不断涌现。

然而,当前世界经济正处于深度调整之中,复苏动力不足,地缘政治影响加重,不确定因素增多,我国是世界上最大的发展中国家,仍处于并将长期处于社会主义初级阶段。我国经济发展进入新常态后,经济下行压力还在加大,正处在爬坡过坎的关口,体制机制弊端和结构性矛盾是"拦路虎",发展中的深层次矛盾凸显。同时,我国发展仍处于可以大有作为的重要战略机遇期,有巨大的潜力、韧性和回旋余地。新型工业化、信息化、城镇化、农业现代化持续推进,发展基础日益雄厚,改革红利正在释放,宏观调控积累了丰富经验。习近平总书记于2014年提出了"四个全面"的总战略方针,在此战略方针指导下,目前我国经济需要主动适应和引领,经济发展呈现新常态,坚持稳中求进,保持经济在合理区间运行,着力提高经济发展质量和效益,把转方式调结构放到重要位置;加强民生保障,推动增长、增加就业、调整结构,处理好改革、发展、稳定的关系,以应对复杂多变的国际政治经济环境和艰巨繁重的国内改革发展任务。

二、我国政府治理模式的变迁

(一)以理性规范为主线的混合政府治理模式

在霍布斯的《利维坦》中,人类挣扎在一个基于情感规则的世界,为了

---

① 中央经济工作会议在京举行[N/OL].新华网,2014-12-11.http://www.ce.cn/xwzx/gnsz/szyw/201412/11/t20141211_4103857.shtml.

让人类那种无法无天的和好斗的本性能够得到控制,人们臣服于一个单一的主权实体,因此秩序与和平得以维持。① 由此,政府存在的目的是为了满足公共需求,每个人都是追求个人利益的理性人,公共行动是利益完全不同的个体追求自己利益的行动,政府与社会秩序只是为个人的自由选择提供一种稳定的环境。契约式政府在不同的情境下呈现不同的模式。

1. 清晰的官僚制管理模式轮廓

韦伯的集权式传统公共行政模式虽受到中西方学者的批判,然而在现实中,我国政府官僚式治理体制的轮廓却依然清晰可见,强调形成自上而下的纵向层层权力分解的治理模式。这种治理模式与官僚制以理性为基础对组织运行模式进行构建的思想相一致,主要表现为强调规则,具有非人格倾向。具体体现为:组织内部的各种法律、法规,其实施和应用对所有组织的成员是一视同仁的;强调专业化与分工,行政管理者越来越以专业的技术与能力制定政策,并遵循严格的等级原则,管理以服从为基本原则;强调官僚制的集权、简化和统一;我国政府以法律及其他法规法纪的形式假定公共利益是公务员个人的唯一动机,公务员应做到公私分明;等等。② 官僚制的上述特点表明了其实际上是一种依靠内部规则制度程序化运行的封闭而稳定的组织结构,官员只要遵循组织内部按部就班的各种规定,就会沿着职业发展的设计前景稳步上升,而不必担心外部群众的意见会影响自己的升迁。③ 唐斯基于经济学的公共选择理论解释了官僚体制,他认为要把市场经济规则引入官僚体制和公共行政领域。他认为,官僚体制相当于一个对个人的偏好进行理性计算的人。和人一样,官僚体制也是一种官僚意识形态。唐斯的官僚制思想契合了我国市场经济形式下政府治理模式的价值追求,如认为政府机构是:① 强调官僚行为的正面收益,不重视成本。② 强调官僚服务的扩张是众望所归的,而任何精简都是人们所不愿看到的。③ 强调官僚机构为社会提供的服务是

---

① [英]霍布斯.利维坦[M].黎思复,黎廷弼,译.北京:商务印书馆,2010:3.
② 陈炳,高猛.结构主义与官僚制:对传统公共行政的话语透析[J].中国行政管理,2011(2).
③ 彭新武.从官僚制到后官僚制:当代公共组织范式的嬗变[J].哲学研究,2010(5).

面向大众的,而不是面向某些特殊的利益集团的。④ 强调官僚机构目前工作的高效率。⑤ 强调官僚机构的成就和能力,不提或少提失败与无能。所有的官员都对掌握着他们工作安全与职位晋升的行政组织表现得忠心耿耿。①

虽然官僚制缺乏效率、民主价值取向的弊端受到新公共管理、新公共服务的批判,但是长期以来我国的政府管理体制还是以理性规范的官僚体制为主要运行脉络。

2. 以绩效为导向的新公共管理成为打破传统政府治理模式的福音

20世纪90年代以来,新公共管理风靡西方世界,以美国为代表的西方政府以企业家精神对政府进行了变革。产生于工业时代的旧式官僚制在知识信息时代显得有些过时,正如奥斯本所陈述的,政治治理指的是我们共同解决和满足我们社会需要的实施过程。政府是我们使用的一种工具,一旦工具过时了,重新发明的过程就开始了。从最广泛的意义上来看,新公共管理改革试图用以市场为基础的、由竞争驱动的策略来取代传统上以规则为基础、由权威驱动的过程。

21世纪以来,新公共管理范式为我国政府的制度和管理体制创新提供了一个全新的视野,并在我国政府管理中蓬勃发展起来。我国地方政府正在尝试以经济、效率、效能为价值导向,借鉴企业管理先进的技术与手段,在僵化的、缺乏回应性的官僚体制中引入竞争,从而对当前面临的管理挑战作出回应。在奥斯本的《重塑政府》中,他提出了新公共管理的十项原则,其中笔者认为有三项原则符合我国目前行政管理体制改革的趋势。

第一,我国政府正在努力由划桨向掌舵转型。奥斯本认为,企业化的政府开始转向一种把政策制定(掌舵)同服务提供(划桨)分开的体制。掌舵的人应该看到一切问题和可能性的全貌,并且能对资源的竞争性需求加以平衡。划桨的人聚精会神于一项使命并且把这件事做好,掌舵型组织机构需要发现达到目标的最佳途径。虽然我国政府的行政体制并不像美国那样实行政府企业化并对服务职能实施私有化,但是加强政府的掌

---

① [美]乔治·弗雷德里克森.公共行政的精神[M].张成福,等译.北京:中国人民大学出版社,2003:46.

舵功能却一直是我国政府体制改革的着力点。随着经济进入新常态,市场将成为经济的主导力量。这要求我国政府加强宏观调控职能,从计划经济时期的大包大揽到现在的宏观调控,实现了政府从掌舵、划桨一起干到只掌舵不划桨的转变,通过经济、法律以及必要的行政手段,保证我国经济的平稳均衡发展和社会的和谐进步。正如德鲁克所说,公民需要一个有活力的、强大的和非常活跃的政府,而不只是一个实干的、执行的政府,我们需要一个能够治理和实行治理的政府。①

第二,我国政府正在通过层层控制绩效考核来实现治理效果。奥斯本提出在对政府进行管理时,不是按目标进行管理,而是按业绩进行管理,并且运用了戴明的"全面质量管理"(TQM)作为政府业绩管理的最佳方法。科恩认为,全面质量管理是使公共管理行之有效的一个关键因素。实行全面质量管理,即利用业绩来确定问题,然后向雇主提供种种可用的手段来分析问题,找出其根源,制定解决问题的办法,并付诸实施。② 奥斯本认为,效果管理和全面质量管理都是促使组织根据得到的业绩信息而采取行动的有效手段。政府要突出政府绩效的责任,即结果导向型管理。我国政府目前对于政府绩效管理的改革正处于如火如荼的阶段。我国有些学者指出,为应对财政危机、降低成本、提升管理效能的新公共管理运动本质上就是一场以绩效管理为导向的政府改革。③ 中央政府与地方政府的考核主要通过一些量化的指标来实现,经济指标如每年的国内生产总值增长、居民消费价格涨幅,还有教育、文化、医疗、社会保障、保障性安居工程等方面的指标,这些指标通过省、市、县、乡(镇)层层分解,形成系统的指标体系,并成为考核地方政府政绩的重要依据。许多地方政府围绕上级主管部门的考核指标,实施地区、部门目标管理和创优评先考评,把部门考评与个人考评有机地结合起来,把部门工作目标分解到各岗位,作为岗位考评的重要依据。政府绩效考核成为中央到地方政府实施

---

① [美]戴维·奥斯本,特德·盖布勒.改革政府[M].上海市政协编译组,东方编译所,译.上海:上海译文出版社,1998:25.
② [美]史蒂文·科恩,威廉·埃米克.新有效公共管理者[M].王巧玲,等译.北京:中国人民大学出版社,2001:102.
③ 卓越,孟蕾,林敏娟.构建整体性绩效管理框架:西方政府绩效管理的新视点[J].中国行政管理,2011(4).

内部层层控制的重要手段。

第三,我国政府正在努力通过服务满足人民的需要,而不是官僚政治的需要。奥斯本提出"把顾客放在驾驶员座位上"的理论,即促使公益服务提供者对顾客需要作出灵敏反应的最好办法就是把资源放在顾客手上让他们挑选。这就要对官僚政治的、无回应的政府进行变革。早在1998年,我国学者就提出了服务型政府的概念。中央的重要指导方针对于构建服务型政府更是指明了清晰的路径:温家宝总理于2004年2月21日在中央党校省部级主要领导干部专题研究班结业式上做报告的时候,提出了服务型政府建设的问题。① 自此,我国政府职能开始由重管理向重服务转型。

3. 构建服务型政府成为我国政府职能转变的战略导向

2006年10月,党的十六届六中全会强调要"建设服务型政府,强化社会管理和公共服务职能",这是首次在党的文件中提出建设服务型政府的明确要求。2011年,我国国民经济和社会发展"十二五"规划再次明确提出:"发挥政府的主导作用,强化社会管理和公共服务职能,建设服务型政府,提高服务型管理能力。发挥人民团体、基层自治组织、各类社会组织和企事业单位的协同作用,推进社会管理的规范化、专业化、社会化和法制化。广泛动员和组织群众依法有序参与社会管理,培养公民意识,履行公民义务,实现自我管理、自我服务、自我发展。"在具体举措上,政府通过出台大部制改革、民生问题改革等一系列重大公共政策,反映了政府对人民群众诉求的回应。除了公共政策外,在一些管理程序上,涉及关系民生问题的政策都通过民主参与,如听证会等形式广泛听取民意,体现了政府以民为顾客的服务型理念。党的十八大报告进一步对我国的服务型政府体制改革作出了部署:深入贯彻落实科学发展观。必须更加自觉地把以人为本作为深入贯彻落实科学发展观的核心立场。在深化行政体制改革中,深入推进政企分开、政资分开、政事分开、政社分开,建设职能科学、结构优化、廉洁高效、人民满意的服务型政府。党的十八大以后的一系列行政管理体制改革让我国的政府职能渐渐向服务型模式靠近,服务型政府的转型从战略指导到实际运行初见端倪。党的十八届三中全会进一步

---

① 张康之.我们为什么要建设服务型政府[J].行政论坛,2012(1).

提出:"全面深化改革的总目标是完善和发展中国特色社会主义制度,推进国家治理体系和治理能力现代化。"推进国家治理体系与治理能力现代化将推动国家构建和谐协同理性系统,在这个和谐协同理性系统中,政府、市场和社会的关系将得到重建。我国服务型政府的构建以公平和回应作为核心价值,以责任型政府和人本化政府为目标,具体表现为以下几个方面。

第一,建立维持各方利益群体平衡的责任型政府。党的十八届三中全会通过的《中共中央关于全面深化改革若干重大问题的决定》中提出,"经济体制改革是全面深化改革的重点,核心问题是处理好政府与市场的关系,使市场在资源配置中起决定性作用和更好发挥政府作用"。政府的作用应体现在关注宪法法律、社会价值观、政治规范、职业标准和公民利益等方面。政府存在的目的是为了满足公共需求,而不只是创造最大的社会经济效益,从而通过法律、公共政策的制定、执行与维护等努力创造机会均等的社会环境。党的十八大以来,政府正在以公平为核心价值协调各个群体的利益。2013年2月,国务院转发了发改委等部门制定的《关于深化收入分配制度改革的若干意见》,完善收入分配结构和制度,增加城乡居民收入,缩小收入分配差距,规范收入分配秩序,着力创造公开公平公正的体制环境的战略目标。当然,对于我国政府来说,缩小贫富差距,维持社会利益分配公平公正是个阻力重重、任重而道远的远期规划。

第二,建立自然生态、人与生产率发展并重的人性化政府。新公共服务学者认为政府不应该像企业那样运作,它应该像一个民主政体那样运作,政府应重新恢复对诸如公共利益、治理过程以及扩大民主公民权等理想的信奉。在这个过程中,公务员重新与公民联系,行政官员逐渐认识到他们有许多东西要通过"倾听"公众的声音而不是向公众"发号施令"才能获得。[①] 与此相应,我国政府正在努力倾听民意,并迅速作出回应,对不作为的公务员实施行政问责,注重人与自然的和谐发展而不只关注GDP增长,努力把以人为本作为执政方针的核心理念。我国行政体制改革的深化将促进政府公务员之间建立一种集体的、共同的公共利益观念,并且

---

① [美]珍妮特·V.登哈特,罗伯特·B.登哈特.新公共服务:服务,而不是掌舵[M].丁煌,译.北京:中国人民大学出版社,2004:156.

推动公务员关注公民,与公民建立信任和合作的关系。建立公共利益和公共精神,让公民广泛参与到政府治理的现代型治理体系,需要中央的强势推动、完善的制度框架、良好的经济发展水平和公民整体素质作为支撑。因此,虽然我国政府大力倡导服务型政府的构建,但却是一个长期的远大工程。有学者指出,"对于发展中国家来说,目前可以也有必要朝着'服务型政府'方向努力,从而加速'服务型政府'的建设进程;但要真正建成比较成熟的'服务型政府',恐怕至少还需要几十年,甚至上百年的努力"①。

所谓管理,其实质就是促进制度学习,开发对现存问题的突发事件的新的回应模式,并将这些模式教给组织的成员。② 我国政府治理模式目前的形态是以旧的公共行政管理模式为主线,在政府治理的某些管理环节正进行着新公共管理的市场化、效率化的改革,这些改革举措成为打破传统政府治理模式的新亮点,并通过中央的财政预算和严格的审计制度,公务员薪金、三公消费的公开透明,以及民主监督的迅速回应,使我国政府的行政效能确有改善;同时,在一些公众关注度高、涉及公众切身利益的公共决策环节适当考虑加入民主参与的成分。然而,我国服务型政府职能转变是一个伴随经济、社会、公民素质共同发展的渐进过程。新常态要求政府行为从重经济到重保障、从重权力到重责任、从重审批到重监管、从重管理到重服务、从重领导到重协商、从重数量到重质量,建立一个有限政府、责任政府、法治政府和透明政府。③ 我国的政府治理模式如同经济发展形态一样,在新公共服务、传统公共行政与新公共管理混合交错的政府管理模式中不断探索改革之路。

(二)政府内部运行的压力型体制

从政府内部管理体制来看,我国政府处在内外交互的社会经济压力环境中,这种压力传导到政府内部形成了从中央到地方的,自上而下层层

---

① 扶松茂,竺乾威.公共服务型政府建设若干问题的思考[J].苏州大学学报(哲学社会科学版),2011(5).
② [美]史蒂文·科恩,威廉·埃米克.新有效公共管理者[M].王巧玲,等译.北京:中国人民大学出版社,2001:211.
③ 竺乾威.经济新常态下的政府行为调整[J].中国行政管理,2015(3).

分解、层层发包的压力型管理体制。荣敬本等首先提出了压力型管理体制概念,他们认为压力型政府管理体制是指一级政治组织为了实现经济赶超,完成上级下达的各项指标而采取的数量化任务分解的管理方式和物质化的评价体系。[①] 笔者认为,我国政府目前的压力型管理体制可界定为政治组织为了完成上级组织交办的各项工作任务,通过指标考核或层层下压的方式传导给下级政治组织的管理模式。在压力型管理体制中,下级政治组织因为权力压力而执行上级政治组织的评价体系,缺乏因地制宜和议价空间。在从"下管一级"的行政改革中获得行政权力资源后,各地的上层领导开始充分利用政府内部的行政权力作为动力资源来驱动经济发展。他们给下级政府下指标、下任务、"加温加压"。这些指标和任务在行政等级中以党委集权、党政合一的方式,利用党政垂直权力层层下达,直至最基层的乡、镇、村一级,并且再通过岗位目标责任制细化分解到各个政府工作人员身上。[②] 如此,政府对于国家经济发展、社会治理的驱动机制,存在着对上负责和对下不负责、缺乏双向沟通的弊端,政府权力系统在体制内自上而下地流动,地方政府的基层政治组织成为压力的终端承担者。

综上所述,我国正处于一个经济结构深度调整、政府治理模式深度转型的错综复杂的历史阶段,这使得处于政府运行体制内的公务员的角色认知与实际需求产生了冲突与偏差。

第二节 我国干部人事制度改革的历史演变与制度推进

深化干部人事制度改革,建设高素质执政骨干队伍,是党的十八大和十八届三中全会确定的政府人事管理改革的重要战略。在努力构建服务型政府的大背景下,建立与之相契合的政府人事管理体制具有十分重要

---

① 荣敬本,崔之元,王拴正,等.从压力型体制向民主合作体制的转变[M].北京:中央编译出版社,1998:42.

② 唐海华."压力型体制"与中国的政治发展[J].中共宁波市委党校学报,2006(1).

的地位与意义。公务员压力源与我国的干部人事制度紧密相连,我国政府人事管理制度是政治、经济、文化等多种复杂的社会因素作用的产物,其形成带有鲜明的时代特征,这种时代背景存在于制度表象背后,规定着行政人员某些标准化的人性特征,并成为政府人事管理制度的逻辑前提。虽然政府人事管理规定的标准化人性特征主导着当时的干部管理体制,但在人事制度践行时,实际的干部人性表现可能会出现与制度设计的标准化人性相背离的现象,造成有些干部权力寻租、以权谋私的现象,带来民众的不满与治理的困境。于是,原有干部人事制度中的标准人性假设与社会发展过程中干部表现的实际人性特征的高度不适应,成为国家人事制度进行根本改革的最直接动力。政府人事制度人性假设应然与实然之间的矛盾随着时代的变迁而发生改变,并牵引着政府人事管理制度的不断改革,成为我国政府人事管理改革的内在驱动因素。

一、我国政府人事制度人性假设与公务员行为动机的冲突推动制度演变

(一)新中国成立后到"文革"前(1949—1966年)基于道德人假设的干部人事制度

新中国成立后,我国开始从新民主主义社会向社会主义社会过渡,国家经济崩溃,通货膨胀严重,严峻的现实要求中国共产党和各级人民政府把生产建设作为自己的中心任务,认真抓好国民经济的恢复和发展工作。1952年,国内的经济形势基本恢复平稳。在这样的时代背景下,我国根据新中国成立前根据地的人事工作经验,以及在学习苏联模式的基础上,逐步建立了人事管理的一系列制度,建立了分级分部管理体制,对干部人事管理的具体环节,如录用调配、培训、工资、离退休、转业干部安置以及大中专毕业生分配等都进行了制度规定。1953年,中共中央颁布了《关于加强干部管理工作的决定》,建立了分部分级的干部管理体制,对机关干部进行了简单的分类分级管理,"避免或减少了在执行党的干部政策中的不统一的现象和在干部问题上的本位主义现象"。分部分级的干部人事管理体制与当时的计划经济体制是完全适应的。1957年,《国务院关于国家行政机关工作人员的奖惩暂行规定》中要求,"国家行政机关工作

人员必须坚决地执行国家的各项政策、法律、法令,遵守政府的决议、命令和规章制度,切实地完成国家交给的各项工作任务,爱护和保卫公共财产,保守国家机密,树立勤俭朴素、谦虚谨慎、密切联系群众的优良作风"。1964年,毛泽东在召开中央政治局常委和各中央局第一书记会议上提出了选拔干部的五条标准:懂得一些马列主义;要为大多数人民谋利益;要能够团结大多数人;有事要跟同志们商量;自己有了错误,要做自我批评。把"违反民主集中制,不服从上级决议、命令,压制批评"等行为作为严重失职行为。工资制度则由"包干制""工资分"发展到1956年实行统一的职务等级工资制。这个时期的干部人事制度简单规范,人性假设强调干部绝对服从上级、服从集体和奉献集体,要求干部要利他、无私,完全否定了个人利益的存在,符合道德人假设的标准人格。① 道德人基本假设在西方源起于斯密的《道德情操论》,开篇就对人的利他性进行了论述:"无论人们会认为某人怎样自私,这个人的天赋中总是明显地存在着这样一些本性,这些本性使他关心别人的命运,把别人的幸福看成是自己的事情,虽然他除了看到别人的幸福而感到高兴以外,一无所得。"② 而我国古代儒家思想也对道德人做了经典的诠释,如《论语》中提到的"苟志于仁矣,无恶也","君子喻于义,小人喻于利"。③ 新中国成立初期,道德人假设的干部人事制度虽然不完善,但是却让干部的思想与行为迅速统一到社会经济建设工作中,契合了计划经济的基本特征。

然而,在阶级斗争的政治氛围中,道德人假设的干部人事制度的实施并不顺利。1950年以后,全国范围内掀起了思想文化战线上的批判、"反右""大跃进"等一系列政治运动,广泛宣传马克思主义的唯物主义思想,但是这些运动却没有在民主的气氛中,在尊重事实的基础上开展,而是背离了党的八大关于扩大社会主义民主的要求,脱离社会经济与民主发展实际,无限上纲,伤害了一些愿意从事有益于人民工作的知识分子,而且迫使人们说违心的话。④ 这一时期的价值观变得固定僵化,不允许存在

---

① 宋毅军.揭秘:毛泽东1964年谈培养接班人问题[N/OL].中国共产党新闻网,2013-06-09.http://dangshi.people.com.cn/n/2013/0609/c85037-21804526-3.html.
② [英]亚当·斯密.道德情操论[M].蒋自强,等译.北京:商务印书馆,1997:5.
③ 孔子.论语[M].长春:吉林出版社,2007:49,55.
④ 张瑞鸢,等.新中国史略[M].西安:陕西人民出版社,1991:103.

任何多元化的价值观念,坚决服从领导安排,全国干部只有一个声音,即统一到中央要求的思想上来。在阶级斗争氛围浓烈、极左思想蔓延的政府机关中,干部人事制度的实施嵌套于阶段斗争的政治氛围中,干部人事制度中规定干部要无私奉献于国家经济与社会建设事业,在实施运行中却偏离了方向,转而为阶级斗争和国家建设服务。为了避免划入阶级敌人,干部行为谨慎,坚决与中央精神保持一致,不敢发出任何个人的声音。干部的实际人性假设变为阶级人,阶级人假设是马克思主义基于阶级分析的基础上提出的人性理论假设,即阶级社会中人的阶级本性作为人的行为动机的基本出发点,作为阶级关系的物质承担者和阶级范畴的人格化,个人并不仅仅代表他个人本人,他是阶级的化身,有着阶级的灵魂。[①] 当然,干部人事制度中道德人假设与实际运行过程中体现出的阶级人假设有相通之处,即都强调为国家建设服务、为国家利益和阶级利益牺牲个人利益。然而道德人和阶级人之间也存在着明显的差异和冲突,阶级人突出的是把本阶级利益放在第一位,当本阶级利益与其他阶级的利益发生冲突时,要通过阶级斗争实现本阶级的利益最大化;而道德人假设则要求每个人不仅不能有个人的利益,而且也不应该过分追求本阶级的利益,而应该全心全意为国家利益和公共利益服务。这种关于人性的应然假设与实然假设之间既相互融合又相互冲突的状态,使得这一时期的干部制度一方面在总体上适应了当时的社会经济发展要求,另一方面也蕴含了驱使其变革的内在张力。

(二)"文革"期间(1966—1977年)干部人事制度受到破坏

"文化大革命"在"天下大乱则大治"的错误指导思想下掀起了全国范围内的混乱。在这样一个极度狂热和盲目个人崇拜的时代,人性在失去法律和道德的约束下打开了"潘多拉魔盒",人性中狂躁扭曲、道德沦丧、甚至残酷野蛮的一面充分地暴露。从1968年起,国家陆续撤销了中央和地方各级人事部门,全盘否定了新中国成立以来初步建立的各项人事管理制度,新中国成立初期建立的干部分级分部管理体制受到肆意践踏,政府干部任命的标准表现为极端的阶级标准。这在某种程度上也可以看作

---

① 武建奇.论马克思关于人性假设的三个维度[J].经济学家,2008(3).

是"阶级人假设"成为干部人事制度的基础。

（三）改革开放初期（1978—2005年）由道德人向理性经济人假设变迁的干部人事制度重建

1. 改革开放初期干部人事管理制度的初步恢复

党的十一届三中全会以后，党和国家把工作重点转移到现代化建设上来，通过拨乱反正，人事管理工作进入一个恢复、发展和改革的新阶段。改革开放之初，首先恢复了"文革"之前的一系列以道德人假设为基础的干部人事制度。此后，伴随着改革从农村进入城市，也开始对传统的干部人事制度进行了一系列探索性的改革。1982年，劳动人事部在《吸收录用干部问题的若干规定》中提出了"要建设一支革命化、年轻化、知识化、专业化的干部队伍"，并进一步废除了领导职务终身制，下放干部管理权限，把过去管理下两级改为原则上只管一级，改革国家机关工作人员的工资制度。在干部管理体制上不断加强法制建设，实现干部管理的科学化、民主化、法制化、现代化。与此同时，1985年的《国家机关和事业单位工作人员工资制度改革方案》废除了1956年的等级工资制，实行以基础工资、职务工资为主的结构工资制，明确了按劳分配原则，工资与业绩相挂钩、正常和晋级增资制度等原则。可以看出，改革开放以后的干部人事制度开始关注个体的物质需求与激励，以前单一的道德人假设的干部人事制度逐渐纳入了以经济人假设为基础的制度元素。

改革开放释放了中国经济发展的巨大能量。改革开放初期，人们物质生活的匮乏与改革开放给我国带来的巨大物质财富之间的强烈反差对我国政府干部的思想造成了前所未有的冲击，许多政府干部内在心理需求中对物质、安全的强烈渴望成为行为动机的主要内在动力，人性中自利性的一面因为改革开放初期制度的不健全而转为寻租行为，一些干部利用职权谋取私利，而党的纪律检查、行政监察及司法工作执行不严，有的甚至徇私枉法，使得有些地方的党风有所败坏，不少地方社会秩序不安定，引起人民群众的不满。新中国成立后，单一的道德人假设干部人事制度与实际干部体现出来的经济人假设发生了冲突，并成为推动我国干部人事制度改革的直接原因，于是，以理性经济人为人性假设的干部人事制度相继出台。1979年,中央组织部颁布了《关于实行干部考核制的意见》;1986年,中共中央颁布的《关于严格按照党的原则选拔任用干部的通知》中规定选拔任用干部要"遵守党的原则,维护组织人事工作纪律,严格按照规定的程序办事,必须充分走群众路线";1984年、1986年,中共中央办公厅、国务院颁布的《关于严禁党政机关和党政干部经商、办企业的决定》以及《关于进一步制止党政机关和党政干部经商、办企业的决定》中规定,"党政机关不得使用公款(包括行政经费、党团费、老干部特需经费等)、贷款以及在职干部自筹资金,自办企业或与群众合办企业,不得在经济利益上与群众兴办的企业挂在一起。……在职干部、职工一律不许停薪留职去经商、办企业。已停薪留职的,或者辞去企业职务回原单位复职,或者辞去机关公职"。这些规定对政府部门干部人事管理、干部工作行为进行了制度约束与规范,其背后隐含的理性经济人性假设跃然纸上。

理性经济人假设源起于英国古典经济学家亚当·斯密,他在《国富论》中写下了关于理性经济人的著名语句,"我们每天所需的食物和饮料,不是出自屠户、酿酒家或烙面师的恩惠,而是出于他们自利的打算"[①]。自利的本性让人主动追求经济利益,工作的目的是为了得到经济报酬,其行为是为了最大限度满足自己的经济利益。行政人员首先是自然人,所以不可避免地以追求个人利益的最大化或使个人利益满足程度极大化为最基本的动机。早在1915年后,英国政治家沃拉斯在《政治中的人性》中深刻地指出,人总是按照对本身利益的明智见解行事的假设,是与我们的政治和经济思维习惯紧密地交织在一起的,这个假设又可以分为两个独立的假设:第一,人总是按照对达到一个预定目的的最佳手段的推理行事的;第二,一切推理都是同一类型,由同一"论证"过程产生的。[②] 这个工业化大生产时产生的理性经济人假设在我国改革开放初期背景下具有特定的时代意义。政府干部是拥有公权力的行政人,代表政府履行公共管理职能,为民众提供公共服务,所以对公务员自利性的边界进行严格规范成为改革开放初期政府干部人事制度的主要任务。正如亚当·斯密所

---

① [英]亚当·斯密.国民财富的性质和原因的研究:上卷[M].郭大力,王亚南,译.北京:商务印书馆,2014:16.
② [英]格雷厄姆·沃拉斯.政治中的人性[M].朱曾汶,译.北京:商务印书馆,1995:63.

说,理性经济人只要有良好的法律、制度保障,主观上"自利"的"经济人"才能达到客观上有利于社会的结果。同时,为了满足公务员作为经济人对经济利益的追求,我国政府进一步启动了提高公务员工作稳定性与保障性,提高公务员薪资待遇的公务员制度改革。

2. 改革开放中期干部人事制度的初步完善

1988年3月至4月召开的第七届全国人大第一次会议,原则上批准了国务院机构改革方案,确立了"转变职能,下放权力,调整结构,精简人员,减少政府机构干预企业经营活动的职能,增强宏观调控职能,初步改变机构设置不合理和行政效率低下的状况"的基本要求,这次改革为政府内部的公务员制度的建立厘清了道路。在公务员制度建立的这一准备阶段,竞争机制被引入到包括党政机关在内的各行各业,许多地方采取招标、选举、考试、聘任等方式录用和选拔人才,收到了较好的效果,人事工作中的民主化、公开化有所发展,透明度有所提高,群众参与干部考核和选拔的程度有了加强。

1993年的《国家公务员暂行条例》正是在这样的时代背景下产生的。《国家公务员暂行条例》规定本制度的目的是"为了实现对国家公务员的科学管理,保障国家公务员的优化、廉洁,提高行政效能",要求国家公务员履行"遵守宪法、法律和法规,依照国家法律、法规和政策执行公务,密切联系群众,维护国家的安全、荣誉和利益,忠于职守,勤奋工作,尽职尽责,服从命令,保守国家秘密和工作秘密,公正廉洁,克己奉公"的义务。可以看出,这是对我国公务员理性经济人自利性边界的规范,通过公务员义务与权利的清晰界定,界定了公务员的行为边界,反映了制度体制对公务员行为的约束,尤其是对于廉洁的强调。同时,《国家公务员暂行条例》还强调提高行政效能,这些都是基于理性经济人性假设的管理模式,也是计划经济渐渐转变为市场经济的时代大背景的必然产物。

(四)改革纵深发展期(2006年至今)由理性经济人向自我实现人性提升的干部人事制度变迁

2005年4月27日,《中华人民共和国公务员法》(以下简称公务员法)颁布,标志着我国干部人事制度走上了法治化的历程。这部关于政府干部人事制度的法律法规,既适应了我国干部人事制度改革的发展,同时更顺应了我国改革向纵深发展的诉求。这时,经济发展的核心价值观也随之发生转变,由前改革时代单纯促发展向内涵更为全面、更具针对性地促和谐转变,由市场经济体制建设领先于利益制度体系和思想价值体系到缩小三者之间差距的转变,由以物为本的发展模式到以人为本的发展模式的转变。理性经济人假设的干部人事制度已经不能适应我国目前的行政人事体制发展,改革纵深发展时代的政府干部人事制度要求公务员对外实行基于群众导向的服务与管理职能,对内则在要求公务员遵守刚性规制的基础上,实行公平、公正、竞争性的功绩制度,尊重公务员的个性化、差异性,这在公务员法中初见端倪。公务员法规定将公务员的职位划分为综合管理类、专业技术类和行政执法类,设置了不同的职务序列,为公务员提供了清晰的职业发展路径,激励公务员不断提升自身价值。中共中央办公厅2009年颁布的《2010—2020年深化干部人事制度改革纲要》充分考虑和重视了公务员自我实现的需求与公务员职业发展通道狭窄的矛盾,制定了干部职务与职级并行的制度,深化分级分类制度,缓解公务员职业发展通道狭窄与公务员自我实现需求的矛盾,体现了顶层设计对公务员的人文关怀。除此之外,政府也充分重视公务员能力提升的需求。2008年的《公务员培训规定(试行)》和2011年的《2011—2015年行政机关公务员培训纲要》指明了公务员的道德水平、能力素质和作风修养的提升。党的十八大报告中指出,"要全面准确贯彻民主、公开、竞争、择优方针,扩大干部工作民主,提高民主质量,完善竞争性选拔干部方式,提高选人用人公信度,不让老实人吃亏"。这些有关我国干部人事制度的规定充分体现了其内在人性假设的转变,由理性经济人假设提升到了自我实现人,这就是现代性人事管理的特征。当知识与能力成为组织发展的关键要素,人的因素逐步被政府部门所重视。所以改革纵深发展时期的干部人事管理制度以人为本,着重点是重视公务员的价值与尊严,重视教育与培训。不论是党的十八大报告还是公务员法,都试图创造一种能让公务员不断学习的、施展才能的、民主竞争的自我实现型行政人事内部环境。

马斯洛在《动机与人格》中提到了"自我实现",这一术语是由戈尔德斯坦首创的,它可以归入人对于自我发挥和完成的欲望,也就是一种使他的潜力得以实现的倾向。自我实现者虽然不缺乏任何一种基本需要的满足,但他们仍然有冲动。他们实干、奋斗、雄心勃勃,他们的动机就是发展个性、表现个性、成熟、发展,一句话,就是自我实现。① 麦格雷戈在管理学意义上把自我实现人放在组织情境中,认为自我实现人性假设对于组织目标的达成具有重要的意义,如工作对于自我实现人来说是种满足的来源,自我实现人为了达成本身已承诺的目标,将"自我督导"和"自我控制",并勇于承担责任。自我实现人对于目标的承诺,就是达成目标后所产生的一种报酬,这种报酬可以驱使人朝组织的目标而努力。这种人性假设可以达成组织与个人目标实现的共赢。②

二、政府治理视域下干部人事制度特征与人性假设的内在逻辑

在霍布斯的《利维坦》里,"……指定一个人或一个由多人组成的集体来代表他们的人格,每一个人都承认授权于如此承当本身人格的人在有关公共和平或安全方面所采取的任何行为或命令他人作出的行为。……我承认这个人或这个集体,并放弃我管理自己的权利,把它授予这人或这个集体"③。于是通过规制与控制,被授权的集体让公共标准人格随着时代发展而不断完善,以有利于国家授权的合法性巩固。中国的政府治理模式正在经历着深刻的变化,其基本的趋向是从统治型、管理型政府走向服务型政府,从动员—监管型政府逐步走向回应—合作型政府,每种政府治理模式都需要以标准化人格体现的制度理性来支撑和完善政府治理结构,以强有力的政治权威获得最大限度的民众认同。

(一)新中国成立初期过渡型政府治理模式下干部人事制度特征与人性假设的内在逻辑

新中国成立初期的政府治理模式是一个由统治型向管理型逐步过渡的时期,在政府治理模式的运行逻辑下,干部人事制度从新中国成立初期强调下属的忠诚与服从、权力控制到改革初期利用激励与控制提高行政效率。

---

① [美]A.H.马斯洛.动机与人格[M].许金声,程朝翔,译.北京:华夏出版社,1987:53.
② [美]道格拉斯·麦格雷戈.企业的人性面[M].许是祥,译.台北:中华企业管理发展中心,1979:58.
③ [英]霍布斯.利维坦[M].黎思复,黎廷弼,译.北京:商务印书馆,2009:131.

新中国成立初期,政府以强势的政策推动着社会主义改造和经济社会的全面建设,颁布了一系列规范管理的干部人事制度,如《中央人民政府任免国家机关工作人员暂行条例》《国家机关工作人员奖惩暂行条例》等,这些干部人事制度以管理型政府的价值导向为核心,追求科学管理与程序公平,并规定干部具有无私奉献、全心全意为人民服务等道德人的标准人格,希冀道德人假设下的干部人事制度能构建一个科学规范并被民众广泛认同的干部队伍。然而,政府在追求科学管理与公平的途中受到了"左"倾错误思想的滋长,"大跃进"运动和阶级斗争扩大化的阻碍,阶级、成分的划分重新构建了社会秩序,权力控制超过了制度控制,干部人事制度的实施也被阶级人假设所统治,干部从思想到行动上的坚决服从与忠诚呈现了统治型政府管理的部分特征。固定单一的道德人假设干部人事制度符合了新中国成立初期计划经济的时代背景,但在实施过程中与阶级人的混杂与纠结,体现了我国政府从统治型政府向管理型政府过渡的艰难与博弈。

(二)改革开放后管理型政府治理模式下干部人事制度与人性假设的内在逻辑

改革开放后,政府致力于构建追求效率、公平、科学的管理型政府,并以现代管理科学为指导,在技术层面上不断优化行政管理的技术操作流程。在干部人事制度设计上,以理性经济人为假设,强调功绩制原则、纪律原则与竞争原则。通过竞争性的考试来确保被录用公务员的胜任能力是功绩制原则的主要体现之一,认为"经济人"自利行为的理性特征必须在规范、制度的制约之下,要把权力关在制度的笼子里,政府制定严格的法律法规来约束公务员的利己行为。竞争原则认为竞争带来效率,主张把市场机制引入公共服务中,强调在政府人事管理中引入私营企业使用的激励方法以提高效率,包括竞争、参与式管理等。如 2007 年,中组部颁布的《公务员考核规定(试行)》的"总则"中明确规定,该制度的目的是"评价公务员工作实绩,提高工作效能";同年,国务院令第 495 号《行政机关公务员处分条例》的"总则"中规定,本制度的目的是为了严肃行政机关纪律,规范行政机关公务员的行为。2012 年,中共中央政治局出台了改进工作作风、密切联系群众的八项规定;此后一年,约束党政机关工作人员各项行为的"禁令"连续出台。这些规定限制与约束了公务员的某些行为,体现了理性经济人假设下的干部管理模式,使用强制性的管理措施,制定严格的工作范围,加强纪律和管制,奖勤罚懒。

管理型社会治理模式在整体上是理性的,从属于制度理性,由于治理者个人需要排除情感意志的干扰,也使理性变得没有必要,成为无理性的听从理性安排的被动的棋子。[①] 所以,我国的管理型政府要求公务员服从组织安排,以考核指标为控制手段,让公务员为实现上级政府布置的目标而全力以赴,这些价值导向清晰地体现在《国家公务员暂行条例》和公务员法中,如公务员法第十二条规定"服从和执行上级依法作出的决定和命令"。这些制度要求公务员适应非人格的角色,人的存在价值在于他们奉献于组织的非人格性和功能性存在;要求公务员在一定层级制的规范组织形态中按照既定的规则工作,没有个性显示的空间。服从上级指令是公务员的义务,最大限度地去除公务员身上可能会影响组织目标达成的个性特征的主观性、差异性,这虽然与社会心理学派提出的人性假设相背离[②],但是不得不承认的是理想官僚制下非人格化的干部人事制度成为新中国成立后至今干部人事制度的基础,它迅速提高了政府执行力,适应了改革开放后我国管理型政府的客观要求。

(三) 当前服务型政府构建过程中干部人事制度与人性假设的内在逻辑

管理型政府体制下,理性经济人假设下的干部人事制度随着行政民主的发展而暴露出诸多弊端。理性经济人假设是单一化的人性假设,忽略了员工的心理因素和社会因素对工作效率的较大影响,人性的心理因素得不到释放,工作积极性和创造性发挥不出来,公务员的潜能也无法挖掘出来。我国政府正在构建的服务型政府管理体制下的现代型干部人事制度试图解决这些问题。服务型政府自 2004 年温家宝总理做的政府工作报告时开始就成为我国政府管理模式改革的愿景,表达了我国政府在改革进入深水区时期以服务、公正为核心价值的执政理念,服务型政府作为适应我国工业化和后工业化政府管理的理想模式,把工具和效用结合

---

① 张康之.论社会治理人格及其获得途径[J].探索,2004(4).
② 王彩云.政治学视域中价值理性的回归[J].政治学研究,2013(6).

起来,包含着合作和信任整合机制,在公务员的行为层面上是行政自由裁权得到道德制约的政府[1],这不仅需要社会物质财富和公共财政的支撑,而且需要培育公务员与公民的公共精神,是超越了回应性的前瞻性政府。服务型政府的干部人事制度人性假设从人性的非人格化、控制转变为人性的释放与公共管理人格的培养,主要体现为公务员有着一些与围绕为他人和公共利益而服务的公共服务工作的本质有联系的特殊动机。这些动机与诸如忠诚、责任、公民权、公平、机会以及公正这样的价值观有关。[2] 我国政府目前正在努力构建服务型政府,干部人事制度开始关注公务员自我实现的需求,加强行政内民主。如《2010—2020年深化干部人事制度改革规划纲要》提出了规范干部选拔提名制度,扩大基层公推直选范围,行政职务与职级并行,职级与待遇相挂钩。2014年,深圳市颁布了《深圳市法院工作人员分类管理和法官职业化改革方案》,启动了法官去行政化改革,从某种意义上说是行政管理体制的一次自我革命。党的十八届三中全会《决定》提出了打破干部部门化,拓宽选人视野和渠道,加强干部跨条块、跨领域交流,打破体制壁垒,扫除身份障碍,让人人都有成长成才、脱颖而出的通道,让各类人才都有施展才华的广阔天地。这些顶层的制度设计希望通过充分的民主参与培养公务员的行政精神,并通过激励性的制度设计,选拔出德才兼备的公务员,希望公务员在使命感、公共责任感与职业伦理的基础上以相互信任和尊重的方式,通过沟通与合作实现回应性与公正,并实现自身价值。虽然我国政府正在努力构建服务型政府,但目前依然呈现出管理型与服务型政府相互交织与混杂的局面,所以目前我国的干部人事制度不仅要考虑到服务型政府模式下行政人性的自我实现、释放和公共精神的培养,还要应对现实中政府人事管理不断出现的问题和迫切的现实需求。

三、政府人力资源管理范式转换背景下干部人事制度的人性回归与未来走向

政治制度的理性思维总是寻求一种规范性和权变性的始基和本体,

---

[1] 张康之.把握服务型政府研究的理论方向[J].人民论坛,2006(5).
[2] 魏姝.服务型政府模式下政府人事制度的理想类型研究[J].中国行政管理,2010(8).

这种外向的寻求乃是不自觉地基于一种内在于人性中的对于普遍性的渴望,基于人性对于确定性的追求,努力寻求感性世界对人限定的解脱。哈耶克认为,有限理性的自由人的制度变迁不是一种完美的设计,而是一种自然演进,正如我国的干部人事制度背后的人性假设便是跟随时代发展的自然演进。① 我国的干部人事制度改革历经了65年的政府管理体制锤炼、转型与升华,从新中国成立初期的简单的分级分部管理体制到《国家公务员法》的颁布,完成了由道德人向理性经济人人性假设的制度转型。《2010—2020年深化干部人事制度改革规划纲要》、党的十八大报告和十八届三中全会《关于深化干部人事制度改革的决定》,让驱动制度设计的人性假设逐步向自我实现人提升,并在制度设计中充分体现了对人性需求的关怀,展示了从忽略人性到回归人性的发展脉络,反映了从非人格化的理性管理提升到人性化的管理模式的制度转型,是政府内部民主体制进程的标志,也是政治文明发展的成果。登哈特夫妇说,如果你不关心公务员,怎么指望公务员去关心和服务民众。② 我国政府干部人事制度的人性回归是企盼通过推动行政内民主促进公务员建立一种集体的、共同的公共利益观念,促进公务员关注公民并与公民之间建立信任和合作的关系。

党的十八大报告明确了构建公平、公正、民主的服务型政府作为行政体制改革的方向,作为一种前瞻性与引导性的新型政府管理模式,要求我国行政人事范式从传统向现代提升,人力资本理论侵蚀到了政府人力资源管理领域,引起政府人力资源管理范式向战略型、知识密集型和权变型转变。③ 行政人事将面临一个更加严厉的组织环境④,以前公务员确定性的工作因素如工作安全、稳定的职业路径,以年资为基础的薪酬制度将会受到冲击与变革。究其实质,政府人力资源管理范式转换是以公务员的

---

① 范炜烽.制度变迁理论中的人性假设分析[J].求索,2006(3).
② [美]珍妮特·V.登哈特,罗伯特·R.登哈特.新公共服务:服务,而不是掌舵[M].丁煌,译.北京:中国人民大学出版社,2004:42.
③ E. B. McGregor. The Public Sector Human Resource Puzzle: Strategic Management of a Strategic Resource[J]. Public Administration Review,1988(6).
④ H. R. David. Public Sector Human Resource Management in 2020[J]. Public Administration Review,2010(Suppl 1).

人性发现、人性尊重为出发点,不断向其本质回归的过程,是从控制、约束到尊重、释放。由此,我国政府将致力于建立一个以公平公正、灵活有弹性、人性化为价值体系的现代型干部人事制度,未来的干部人事制度改革具体走向可能表现为以下两个特征。

(一)基于理性经济人假设的公务员职业化规范会越来越严格

孔子在《论语》中曾论述:克己复礼为仁,一日克己复礼,天下归仁焉。为仁由己,而由人乎哉?① 制度的本身在于通过刚性的规制,建立公务员的"礼",并让公务员根据制度"克己"。在一个民主政体中,公务员的任何决策、行为最终应向公民负责,所以培养公务员对公民的责任感是职业精神的内核。公民还希望公务员是诚实正直、公平清廉、无私的,以带来一个追求公共利益与公共幸福的政府。加强公务员职业精神培养的前提是抑制人性贪欲的干部人事制度更加严密、完善。加强公务员职业道德教育,如2011年国家公务员局颁布了《公务员职业道德培训大纲》作为提升公务员职业道德的纲领性文件。在完善公务员工资待遇、升迁路径等干部人事制度基础上,中央政府还出台了一系列的激活公务员职业危机感的干部人事制度,如在深圳市已试点实行对不涉及国家秘密的专业性较强的职位和辅助性职位实行聘任制;中组部、人社部出台了《公务员辞退规定(试行)》。通过柔性的培训教育与刚性的辞退等制度设计增强公务员队伍的公信力。2012年,中央政治局会议颁布了改进工作作风、密切联系群众的八项规定,加上中央纪委的强势执行力,使得公务员的职业精神从刚性的制度层面上得到规范。现代型干部人事管理体制是以培养公务员廉洁、富有责任感的职业精神,营造更加严格的职业规范作为干部人事制度顶层设计的首要目标。

(二)更多考虑自我价值实现的人才激励制度会越来越灵活

党的十八大报告提出的人本管理力求在政府内部形成一种有利于个体得以创造和发展的环境,其实践从"使用人"提高到"发展人"层次。随

---

① 孔子.论语[M].长春:吉林出版社,2007:176.

着我国政府干部人事制度范式由人事管理向人力资源管理转换,公众对行政效率和政治回应性要求的不断提高,行政内民主从深度和广度上将不断增强以保证政府部门目标实现的高效,基于自我实现人性需求的制度设计将会成为我国政府干部人事管理制度的主角。政府干部人事制度将以破除"官本位"观念、推进干部能上能下、能进能出为导向,实行干部的分级分类管理,针对不同类别、不同级别的公务员探索能充分实现公务员自身价值的职业发展模式,突破行政职务束缚、跨越政府机关组织边界,打通政府、企事业单位人才职业发展绿色通道。实行更加灵活有弹性的用工制度,逐渐打破原有公务员"铁饭碗",在全面推行公职人员养老保险社会化改革的基础上,探索逐步实行聘任制。干部选拔机制将以一种更加公开、透明、公正的形象以提高领导干部选拔的公信力,以法规形式强制推行选拔任用前的财产公示制度,用网络公示等方式实行民主监督。对于一些国际化、市场化程度高的公务员岗位,采取面向社会招聘的形式公开选拔,薪酬待遇参照市场化水平,充分发挥市场力量在政府人力资源管理中的调节作用。如2014年浙江义乌高薪聘任公务员上岗,是地方政府干部人事制度改革的大胆尝试。畅通公务员退出机制,以既要创造出让退出公务员充分施展才能的空间,又要遏制腐败与不公平竞争为宗旨,探索出因聘任期满、引咎辞职、人才流动、行政区划或部门职能调整而退出的公务员的创业经商限制、经济补偿、社会保障等一系列法规性政策框架,为打破公务员"铁饭碗"、实现政府人才合理流动营造规范通畅的出口。总之,通过一系列灵活且具有激励性的干部人事制度设计让公务员在政府工作中实现自身价值。

第三节 公务员角色定位与困境:规范与人性的冲突与失范

一、公务员的职业角色

在我国政府压力型管理体制下,公务员的角色嵌套在多个利益主体之中,包括象征最高政治权威的中央政府,以党的领导为主导的各级地方政府机关,以组织或个人形式存在的利益集团,代表着各种需求的民众群体、公共媒体,等等。在这样一种复杂的关系网络中,各种关系相互交织、错综复杂,对公务员进行控制和影响,形成了我国公务员的特定职业角色。根据公务员法第二章规定,我国公务员必须遵守的义务有:按照规定的权限和程序认真履行职责,努力提高工作效率;全心全意为人民服务,接受人民监督;维护国家的安全、荣誉和利益;忠于职守,勤勉尽责,服从和执行上级依法作出的决定和命令。公务员作为一种神圣的职业,代表着公共权力,并扮演着多种角色。

1. 标准及规则的守护者

公务员受到法律法规、民众和媒体的监督。外部监督包括立法监督、预算和审计活动、媒体舆论、服务民众团体、利益集团监督;内部监督包括主管部门及内部监督职能部门如纪委、工作巡查组对公务员形成的命令与监督。在我国层级制的政府内部控制体系中,公务员的自由裁量权被限制在一定的制度框架内,他们主要执行由层级制官僚机构中的上级官员对他们提出的规则、标准和工作任务。公务员的主要职业操守在于履行其职责时坚持和遵守为他们确定的标准、规则及程序,通过严格地坚持法律、规制、组织程序和上级指令来避免使用裁量权的问题,体现对职责、命令的服从与坚守。在整个政府部门体系中,中央拥有一套创建整合行政机器所必需的最高权力和权威,能自上而下地把行政管理的各项职能分类、分工,行政管理的上级领导基本上能够在组织中控制其下属的行为。于是,统一指挥、层级制、自上而下的权威以及劳动分工成为政府机构正常运行的关键要素[①],职业化成为公务员作为行政管理者的标签。

2. 公共利益的服务者

公务员角色不仅仅是简单地做政策选择或执行政策选择,较高层次的公务员角色还是公共利益的维护者。公务员具有接触公民和为公共对话创建平台的重要职责,公务员有责任在推进他认为将会使公众受益的

[①] W.F. Willough. Principles of Public Administration: with Special Reference to the National and State Governments of the United States[M]. Baltimore: Johns Hopkins Press, 1927.

政策、"安排"或协议方面扮演一种积极、主动的角色;公务员对于帮助公民明确地表达公共利益具有一种极为重要的作用;公务员通过组织公共评议,阐明模糊不清的命令,为公众解释他们所希望获得的东西中潜在的矛盾和特性。公务员必须努力评价公民的偏好,并且作为政策选择的权衡依据,尽可能挖掘大多数公民的公共利益,把谋求更多的公共利益作为一切行为的出发点。

3. 社会矛盾的承载者

我国正处于经济、社会转型时期,各种矛盾交织,问题、纠纷总量居高不下,社会不稳定问题层出不穷,解决难度也越来越大。当出现物价飞涨、社会保障机制不健全、公民道德观、价值观迷茫等问题时,民众便把政府作为解决这些问题与矛盾的救星。然而,公务员所处的政府管理体制本身还处于混合交替的复杂阶段,再加上经济改革的纵深发展导致各个利益群体发展的不平衡,使得有些社会矛盾短期内无法得到根本解决,公务员队伍中少数贪污腐败分子在社会上造成的恶劣影响,使得公务员成为社会矛盾的承载者。

二、青年公务员角色模糊与冲突

公务员进入国家机关的驱动力并不一定是因为这一职业角色的吸引,而可能是因为公务员职业的较高的稳定性、较高的薪酬、丰富的权力资源,所以当公务员职业角色要求的标准与人的人性发生冲突时,公务员角色便发生了模糊与冲突。国家公务员培训教材编写组将公务员的心理矛盾总结为三点:一是权力公正性与从业者个体私性的矛盾;二是重大责任与有限个人能力的矛盾;三是理性制度与个性发展的矛盾。[①] 综上所述,公务员的角色冲突与模糊可以总结为以下几点。

1. 职业标准与人性自利的冲突

政府部门对公务员制定的职业标准基本上是规范的规制,是民众对政府普遍期望的价值回应。其前提假设是康德式的,即认为独立于结果

---

① 刘兴先,王君.公务员心理健康问题与心理健康调适[M].北京:中共中央党校出版社,2011:67.

和后果之外的、绝对的正确和错误的原则是存在的,并且认为行政人员会信守这些价值。有关公共管理者的伦理问题的研究表明,康德式的假设基本上是正确的,因为公民期望政府是公正、平等的,所以公共管理者必须具有美德、诚实、程序正义、平等、人类尊严等价值。① 然而,弗洛伊德在他的经典精神分析论中,把本我作为与生俱来的人格结构,认为本我是由生物和欲望组成,遵循快乐原则行事,而不顾及任何生理上或社会性的限制,并要求立即得到满足。② 麦格雷戈提出的理性经济人假设认为人天生是懒惰的,工作是为了生活,回避责任,没有抱负。公务员除了是行政人之外还是经济人,他们有各种生活需求与心理需求,公务员行动的动机和目的在于追求个人经济上的利益,他们可以根据市场情况和自身利益作出判断,并使自己的经济行为服从生活经验,从而追求利益尽可能最大化。青年公务员同样如此,当职业标准与人性的自利性发生冲突时,青年公务员会主观感知到工作压力,这种工作压力具体源于家庭与工作冲突、经济压力等。

2. 服从权威与个性创新的冲突

我国政府层级制的特征要求公务员服从权威,青年公务员大多为科级或普通干部,在单位一般是各项工作的实际操办者与执行者,按上层组织或领导规定的模式和路线思考问题。政府部门要求公务员依赖、服从,有些青年公务员感觉自己的工作就是听人使唤,每天做着领导交代的事,自由裁量权和创新权被限制在很小的范围内,再加上有些领导对岗位分工不明确,忙闲不均现象严重,青年公务员从中体验到相当大的挫折感,引起青年公务员的主观压力感,这种工作压力具体源于领导交办的任务、组织运行模式、岗位职责及工作分配等。

3. 职业发展通道狭窄与自我实现的冲突

青年公务员正处于职业生涯的发展阶段,经过几年的职业探索后,寻求职位晋升成为许多青年公务员的诉求,他们希望在职业发展中施展才能,实现自我。然而,我国政府部门现行公务员职业发展的路径与形式相

---

① [美]乔治·弗雷德里克森.公共行政的精神[M].张成福,等译.北京:中国人民大学出版社,2003:149.
② 王有智.心理学原理与应用[M].西安:陕西师范大学出版社,2010:265.

对单一,职业发展结构呈现金字塔状,越向上,职业发展通道越窄小,难以适应公务员多样化的职业发展需求,造成了青年公务员职业发展通道的堵塞。为了争取职位晋升,有些公务员使用灰色行为,为了自己或相关团体利益而影响组织职位分配,这种行为不仅对组织正常的运作造成干扰,还会造成组织氛围紧张、同事关系冷漠等现象,让其他青年公务员感到晋升机会渺茫的焦虑与压力感,这种工作压力具体源于职业发展前景压力、人际关系压力等。

三、本书研究的青年公务员群体的特殊性

青年公务员是指在政府部门任职、年龄在40岁以下的正式在编人员。这个群体刚刚步入政府,大部分还处于职业探索阶段,大多为"80后"。他们有着特殊的成长背景并由此形成鲜明的职业特征:他们成长于改革开放后物质生活丰富多彩、网络信息极度膨胀、各种思潮交织碰撞的时代,这让他们的传统价值理念受到冲击,价值观、人生观判断趋向多元化。同时,他们大多为独生子女,这使得有些青年公务员在工作中追求自我、反叛传统。他们大多数通过参加国家公务员考试,经过层层选拔进入公务员队伍,在学校或社会上是佼佼者,部分已成长为各部门的生力军和主力军;他们朝气蓬勃、富有激情、知识结构新颖、工作能力强、思想上锐意进取、学习能力强,普遍具有较高的成就动机和认可需求,具有强烈的自我实现欲望,给政府带来了新鲜的血液和活力。所以,在这种体制下经过层层选拔的公务员,刚进入单位就承受着其他同事高期望值的压力和机会成本的压力("如果我不进机关,我可以进入知名企业");同时,政府部门的职能不断扩大,青年公务员的工作量越来越大,工作内容越来越复杂,责任也越来越大,加上制度不完善、各岗位分工不明确、工作自由度小等一系列因素,导致公务员的压力加大,使得青年公务员时常会感到迷茫与失落,并对青年公务员的工作绩效、职业发展产生影响,因此有必要对青年公务员的工作压力及其对能力及绩效的影响进行研究。

第四节 本书研究的基本脉络

一、研究的内容及意义

面对复杂多变的国际政治经济环境和艰巨繁重的国内改革发展任务,我国政府处在内外交互的压力环境中,这种压力传导到政府内部,形成中央到地方的自上而下层层分解的压力型管理体制,我国公务员包括青年公务员成为压力型管理体制的承担者。公务员创造优秀的工作绩效所需的关键能力素质被称为胜任力模型,它与优秀的工作绩效紧密相连。然而,过大的压力源除了危及青年公务员的身心健康外,还会弱化政府的执政能力,使青年公务员的胜任力受到影响,进而影响其工作绩效,所以有必要对我国青年公务员工作压力源对胜任力及工作绩效的影响进行实证研究。

本书的研究拟以青年公务员为样本,对压力型管理体制下我国公务员的工作压力源、不同系统的公务员胜任力模型、工作绩效现状进行实证研究,在此基础上,通过对青年公务员工作压力源与绩效的关系,以及胜任力对工作压力源与绩效的中介作用影响研究,探讨压力型管理体制下我国公务员压力源对绩效影响曲线,以及胜任力是否会改变公务员压力对绩效的影响。研究结论可以为我国公务员的心理健康提供数据与理论参考,并作为开展公务员心理援助的客观依据,在心理科学视角下丰富政府的人性化管理模式。其具体内容包括:① 在我国转型期的经济社会背景下,政府压力型管理体制下青年公务员角色的定位与困境;② 压力型管理体制下我国青年公务员的工作压力源、不同系统青年公务员的胜任力和绩效现状;③ 我国青年公务员工作压力源对胜任力、绩效的影响;④ 胜任力对工作压力源与绩效关系的调节作用,探讨强能力是否会改变工作压力源与绩效的关系曲线;⑤ 从组织层次、个体层次上,对我国青年公务员行为影响显著的强压力源的人事管理体制提出对策建议,进一步对我国政府人事管理体制的人性化设计提出对策建议。

我国公务员考录的竞争日趋激烈,进入公务员队伍中不乏优秀人才,对自己的职业前景抱有远大的目标,希望在公务员的职业发展中实现自我。当政府现实的职业发展、人际关系、工作任务等不能满足青年公务员发展的个体需求时,青年公务员职业发展压力增大。若长期处于高工作压力下会产生一系列的身心及行为的不良反应,这些反应得不到有效的缓解,很容易产生工作投入程度下降、工作成就感降低,身心疲惫等各种症状,青年公务员的工作压力困境从组织层次上会造成人力资本的极大浪费,个体层次上会使青年公务员产生倦怠情绪,这些都与党的十八大以及科学发展观的精神相背离。由此,基于人本化管理模式下的青年公务员工作压力对胜任力及绩效研究变得任重而道远。

(1)实践意义:本书的研究可以为我国公务员的心理健康尤其是青年公务员心理健康提供相关数据与理论参考,并作为开展公务员心理援助的客观依据,从心理学、管理学、政治学视角探讨我国青年公务员培养模式的构建与路径实现。本书构建的青年公务员职业发展模式可以作为政府人事管理中青年干部培养的制度设计参考,从提升政府对人力资源的管理制度方面,提升我国政府的施政能力。

(2)理论意义:本书的研究可以很好地填补我国心理学与公共管理领域交叉实证研究的空白,丰富了管理心理学在公共领域的理论发展,为我国公务员心理健康、心理因素对组织行为影响的实证研究提供理论参考。

二、研究的目标及方法

青年公务员是公务员队伍中的特殊群体,他们相对比较年轻,这一阶段的青年公务员表现出进取心强、精力旺盛、喜欢迎接挑战的个性特征,同时也难免会浮躁、冲动、迷茫,所以需要从心理学、管理学、政治学视角上对青年公务员的工作压力源、胜任力以及工作绩效关系进行实证研究,帮助青年公务员和组织共同成长,最大限度地使用与释放青年公务员的人力资本价值,实现组织与青年公务员价值的双提升。基于此,本书的研究内容如下:① 通过青年公务员工作压力源量表测量,研究我国青年公务员的工作压力源;② 探讨青年公务员工作压力源对绩效的影响呈曲线还是直线;③ 从结构与行政人性平衡角度,从组织层次上探讨缓解青年公务员工作压力的制度与技术对策;④ 从个体层次上探讨青年公务员缓解工作压力的自我管理策略。

本书的研究主要解决以下三个关键问题:一是我国政府管理体制情境下的公务员工作压力源、胜任力与绩效的概念、特征及量表设计与检测;二是压力型管理体制下我国青年公务员工作压力源对绩效影响曲线的形状,是呈"倒U型"还是呈线型关系;三是公务员胜任力对工作压力源与绩效关系调节作用研究模型的有效性、可解性问题。

本书的研究采用规范研究和实证分析相结合的方法。规范研究方法将运用政府治理理论、政治心理理论、认知—评价与应对理论、资源保存理论,对青年公务员工作压力源、能力等概念及理论框架进行规范层面的理论分析。实证分析方法包括探测性研究方法、描述性研究和检证性研究方法。首先,运用因子分析方法,对公务员工作压力源、胜任力和绩效的量表进行设计,进行信度与效度检测;其次,运用描述性统计、方差分析对我国公务员工作压力源及行为现状进行分析;再次,运用结构方程模型,考察胜任力对工作压力源与绩效关系的中介作用;最后,运用案例研究方法,探索青年公务员人本化管理模式在实践中推行的可行性、实际成效、与理论设想之间的差距及实施的主要困难等。

与前人的研究比较,本书的研究有四点创新之处:一是青年公务员工作压力源量表的编制;二是青年公务员工作压力源对绩效影响曲线;三是青年公务员胜任力对工作压力源与绩效关系调节作用检测;四是人性化的青年公务员管理模式制度构建。

第一章 青年公务员工作压力源的思想渊源

本书的研究为交叉学科研究,理论概念涉足心理学、公共管理学、人力资源管理等领域,故而研究的理论基础广泛,研究对象为青年公务员,属于公共管理领域,而研究变量中工作压力源属于心理学领域,胜任力素质和绩效概念属于人力资源管理领域。这些研究内容蕴含于我国目前经济形势变化,政府治理模式从管制型、管理型向服务型转变的特殊时期。本章将对研究的理论基础进行论述。

第一节 公务员群体的政治心理探析

政治心理学是运用心理学的理论、技术、方法来研究政治学领域中出现的现象、问题的交叉学科,并在其发展过程中表现出了学科之间的双向互动与交互影响。具体表现为两个方面的内容:一是运用心理学的概念、理论和研究方法对政治学基本理论和社会政治现象进行科学的分析、描述、解释和验证;二是研究特定情境下政治进程的发生、发展对个体(或群体)的心理特征与行为方式的影响机制,并作出相应的预测与控制。① 传统政治学认为,人们在从事政治活动时基于两个理性驱动:利益与正义。政治心理学则探讨,除了利益和正义,人们的行为是否还有其他原因?人们的行为是否有非理性的成分?答案是肯定的,这就是人们的政治行为有时是为了获得心理的满足,这样的行为有时是非理性的,即使有理性的

---

① 郑建君.政治心理学研究的基本内容、方法与发展趋向[J].政治学研究,2011(4).

考虑,也是有限的理性。① 政治心理学的独特性就在于它关心的不仅是政治现象等外在表象,而且研究这些事实的内在原因,关注政治群体产生政治行为的内在动因和内在心理活动机制。同时,研究政治事实带给人们的心理影响,反映个体、群体以及政府内在心理活动的"第一概念"或者说能真正统领政治心理学的基本、质的规定性的概念,它们不仅能涵盖上述各种政治心理现象,而且能从人们的政治活动中看出真正的"动因"和发生机制。②

由此,个体或群体的心理需求成为主导政治活动的内在驱动,不同的政治情境对组织或群体的心理予以剖析,发现组织或群体自身对于个体政治行为具有独特的动态影响作用。③ 青年公务员作为一个新兴的政治群体,他们的心理需求自然成为个体行为的内在驱动。

一、公务员心理需求成为主导我国行政管理效能的内在驱动力

格雷厄姆·沃拉斯提出,"要研究政治中的人性,首先必须克服政治学传统以及一般人的心理习惯所产生的那种'唯理智论'。政治行为和冲动是人性与其环境接触的产物。在政治家所研究的时期,人性没有什么改变,但是政治环境却以与日俱增的速度发生变化"④。在我国目前行政管理体制的特定情境下,行政管理的服务效能由国家的政策导向、权力划分、管理体制等外部因素所驱动,根据政治心理学的基本理论,我国行政管理体制效能还受行政管理实践者,即公务员的心理需求内在驱动。政治学家认为个体总是按照对本身利益的明智见解进行政治思维,并且总是按照对达到一个预定目的的最佳手段的推理行事。于是,个体的政治行为都来源于他的天性及其与之生在其中的环境之间的关系,其中,人生来就有的天性被政治家看作是固定不变的,而降生在其中的环境则在迅速和无限地改变。著名的马斯洛需求五层次论把人的需求分为五个层

---

① 季乃礼.政治心理学的研究意义[J].湖南大学学报(社会科学版),2008(2).
② 李蓉蓉.试论政治心理学的困境与出路[J].山西大学学报(哲学社会科学版),2008(4).
③ Bar-tal D.,A.W. Kruglanski. The Social Psychology of Knowledge[M]. New York:Cambridge University Press,1988.
④ [英]格雷厄姆·沃拉斯.政治中的人性[M].朱曾汶,译.北京:商务印书馆,1995:4.

次:生理需求、安全需求、情感与归属需求、尊重需求和自我实现需求。不同于公务员外在的职业标准和规范,公务员内在的心理需求成为影响公务员个体行为的真正动因。心理压力是对外部刺激的主观反应,压力源则是引起心理压力的刺激事件或情境,压力源与心理需求紧密相连,心理需求得不到满足,往往会引起公务员的压力感。

二、政治心理学为我国政府治理提供了终极目标

传统政治学认为,理想社会的设想不外乎两点:一是物质的富足,人们过着吃喝不愁、衣食无忧的生活,"各尽所能,各取所需";二是自由平等的社会,人们实现了一律平等,没有种族、民族、性别、职业、财产、地位等的差异。第一条符合利益的原则,第二条符合正义的原则。① 这种理想社会的假设为我国政府"善治"提供了终极目标。目前,党的十八大以及十八届二中、三中、四中全会精神指出要进一步深化政府机构改革与职能转变,进一步简政放权、完善制度机制、提高行政效能。充分发挥市场在资源配置中的决定性作用,最广泛地动员和组织人民依法管理国家事务和社会事务。国家治理体系现代化构建中起主导作用的政府正在以公平、公正、民主为价值导向,协调各方利益与矛盾,努力把我国建设成为国家富强、民族振兴、人民幸福的现代化国家。我国有些地方政府的执政目标把"幸福"也加入了考核政府施政质量的目标,基于政治心理学视角,要求未来的理想社会还必须是人人都能够生活愉快、人的各项潜能都能够得到发挥。为了达成人人幸福,施政者的幸福感培养也同样重要。由此,本书希望通过对青年公务员工作压力源对其能力及绩效影响的研究,针对工作压力源,改善与健全公务员管理体制,通过减缓青年公务员压力来提升工作绩效。本书基于政治心理学家的设想提出了理想状态的目标:从组织层次和个体层次培养青年公务员的心理调适能力,引导青年公务员养成豁达、宽容的精神和积极向上的健康心态,合理地对待各种人际关系和利益格局,理性从容地面对工作中的各种机会和挫折,从而实现身心和谐,在工作中发挥各项潜能,实现我国行政管理服务效能的科学高效。

---

① 季乃礼.政治心理学的研究意义[J].湖南大学学报(社会科学版),2008(2).

第二节　认知—评价与应对理论

压力(stress)一词最早由加拿大 Hans Selye 在 1936 年提出,他认为,适应外部环境是有机体维持生命所必需的反应。应激是指出乎意料的紧张情况所引起的情绪状态。在不寻常的紧张状况下,人体把各种资源(首先是内分泌资源)都动员起来,以应付紧张的局面,这时所产生的复杂的生理和心理反应都属于应激状态。[①] 1936 年,Selye 把术语"压力"用在一个特殊的、技术意义上,意味着打造一系列的身体防御以抵抗任何形式的伤害性刺激,包括心理威胁,即所谓的一般适应综合征。[②] 压力实际上不仅是一种对环境的需求(Selye 把它称为"压力源"),还是对这种需求的一系列普通的生理反应和过程。Wolff 强调压力是一个动态状态,包括从适应到需求,压力的动态概念指出了可能被我们忽略的重要方面,比如应对的可用资源,压力成本(包括疾病和痛苦),压力带来的好处(包括竞争力的成长和抵抗逆境时的胜利喜悦)。Selye 强调压力是协调的心理回应状态,从物理学视角来看,压力是指被环境负担拉伤变形的被动不活跃的身体;从生理学视角来看,压力作为一种生物防御过程,提供了一个从生理到心理过程的比喻,我们称为应对,是个体努力去管理心理应对的方式。社会学家们如 Max,Weber,Durkhein 把压力概念进一步扩展,喜欢用应变(strain)去解释社会的混乱和瓦解。因此,压力不仅是一个变量,而且包括很多变量和过程,是一个系统理论。

一、认知—评价理论的源起

在心理学中,一个古老的现象学传统就是一个事件对于个体的意义形成于情绪与行为的回应。认知—评价是指环境与反应之间的交互,通

[①] 黄希庭.心理学导论[M].北京:人民教育出版社,2009:474.
[②] Hans Selye. A Syndrome Produced by Diverse Nocuous Agents[J]. Nature, 1936 (3479).

过认知评价程序,个体评估将要发生的事件对于他(她)幸福的意义。传统意义上的压力研究基于非认知模型,比如驱动增强、唤醒或激活,然而这些模型都存在着一个问题,即忽略了认知相关流程影响着人们对任何境遇的反应。所以,越来越多的心理、生理学家开始把认知因素放入研究模型中。1945年,Grinker和Spiegel认为情形的认知要求脑力行为,包括判断、辨别和选择行为。Arnold是第一个把评价引入了情绪的认知决定的,他认为评价是快速的直觉流程,自动化发生,区别于缓慢、抽象、反馈的思路。[①] 然而,像Arnold说的那种直觉、瞬间不包括高层次的认知。Levine,Weinberg和Ursin认为关于压力的各种争论将会研究唤醒生理回应的刺激的本质,而不是只简单地关注生理回应本身。[②] 这要求对压力的解释与传统相分离,强调心理变量。然而,当我们接受心理因素是压力回应的优先(prepotent)刺激时,事实上,心理机制产生了一种确定性,即个体不只是对刺激或物理环境本身产生生理回应,还包括个体对刺激的评估,所以会产生过滤和控制功能。如果组织评价环境是威胁的或不确定的,个体将会保持高水平的激活;然而,如果组织评价环境是安全的,生理反应就会减少,即使个别情形本身非常危险。

二、认知—评价的生理心理反应过程

随着研究的深入,心理学家越来越认识到许多与压力有关的中介心理因素,如个人认知评价在压力中的意义。自从1966年Lazarus第一次提出了压力的交互作用理论,这个理论就得到学术界认同,并不断得到丰富与发展。压力作为一个持续的过程,通过需求和资源的认知—评价的启动和维护来感觉,这种压力的认知交互理论强调个体与环境的相互持续不断交易的本质。[③]

认知—评价的基本流程分为初级评价、次级评价和再次评价。个体

---

① Magda B. Arnold. Emotions and Personality[M]. New York: Columbia University Press, 1960: 78.

② Holger Ursin, Eivind Baade, Seymour Levine. Psychobiology of Stress: a Study of Coping Men[M]. New York: Academic Press, 1978: 89.

③ Richard S. Lazarus, Susan Folkman. Stress, Appraisal, and Coping[M]. New York: Springer Pub. Co., 1984: 52.

将根据环境的具体情形作出以下三种类型的初步评价:不相关的、良性—积极的和压力的。不相关的评价是指当环境对于个体幸福来说没有任何意义时,就被个体评价为不相关,此时个体不会投入任何成本。个体与环境之间这种不相关对于个体来说是高适应性行为,区别相关还是不相关意义,以便于他们是否要采取认为是必要的行为。良性 积极的评价是指当环境被个体评价为积极时,它会提高或保存幸福或承诺会这样做。这种评价表现为一种快乐的情绪,如高兴、爱、欣喜、平和。但是有些人前瞻性地因认为环境会变坏而产生忧虑,所以良性评价会产生焦虑或罪恶,这时情绪会变得错综复杂。初级评价中的压力评价包括危害(流失)、威胁和挑战三种评价。被评价为危害(流失)的情境包括会经常出现的危险,如外伤或疾病,被认定对社会尊重或对自尊有危害的事情,或失去爱的或有价值的人,最危险的事情是损失了核心或广泛的承诺。[1] 被评价为威胁的情境是指个体危害或流失还没有发生或已经预测到,甚至当危害(流失)发生时,也总是伴着威胁,因为任何一种流失总是孕育着对未来的消极意义。被评价为挑战的情境经常发生在要求个体应对威胁时。挑战评价关注事件或环境潜在的获得或固有的增长,而且经常表现为愉快的情绪或渴望、激动、不亦乐乎。[2] 而威胁的核心在于潜在的危害,表现为否定的情绪,比如害怕、焦虑和生气。威胁和挑战并不孤立存在,它们会相互转化,相互并存,挑战比威胁更具有适应意义。Frankenhaeuser和她的同事发现,短期生理心理模式意味着威胁,而长期挑战表现为承诺。Fish发展了评价威胁和挑战的方式表明,在压力情境下,在期望方向上绩效结果差异大。[3]

次级评价是指当个体面对威胁或挑战时,个体必须去管理情境,评估什么是可以做或能做的。次级评价就像灵活观察什么事可以做的智力练

---

[1] Lazarus, Richard S.. Toward Better Research on Stress and Coping[J]. American Psychologist,2000(6).

[2] 时雨,刘聪,刘晓倩,等.工作压力的研究概况[J].经济与管理研究,2009(4).

[3] Fish,Thomas A.. Semantic Differential Assessment of Benign, Threat, and Challenge Appraisals of Life Events[J]. Canadian Journal of Behavioural Science,1986(1).

习。① 它是一个复杂的评估流程,考虑应对选择的有效性,应对选择成功的可能性,个体应用有影响力的一系列特定战略的可行性。Bandura 将其分为两个期望:一个是结果期望,一个是功效期望。② 结果期望是指个体给定行为将导致确定结果的评估,功效期望指个体能成功执行将达到结果行为的信念。另外,评价应对选择包括对与挑战或威胁同时发生的内部或外部需求而采用的特定战略或一系列战略的结果评估。在危险中,次级评估的应对选择和初级评估会产生交互,形成压力程度和情绪反应的情绪和质量。挑战评价更可能发生为个体意识到控制环境与人的关系。然而,如果要做的事不需要付出很大的努力,挑战将不会发生。

再次评价是指变化的评估,即基于从环境或个体中得到的新的信息。再次评价的差异性在于它跟随着最早的评估。有时,再次评价是认知应对努力的结果,又叫防御性再评估,经常与基于新信息的再次评价很难区别。③

此后,压力的交互作用理论成为行为和情绪的决定因素。1991 年,Lazarus 通过元分析把压力交互作用理论扩展到了情感和应对过程。压力作为个体与环境的特殊关系被个体所评价,如征税超过了他拥有的资源并危及他的幸福,个体会感觉到压力。④ Woolfolk 和 Richardson 论证了认知评价理论,指出应激反应不是环境因素的直接结果。许多环境因素本来是"中性的""无关紧要的",它们之所以引起一些人产生应激反应,是由于这些人将它们视为"至关重要的""必须慎重应对的"。因此,该模型认为应激反应乃是个体对情境或事件认知评价的结果,人们感受和评价事物的方式、赋予应激源的意义,决定着应激反应的发生与否和程度。⑤

情绪和动机状态也会影响应激评价过程,通过元分析,Lazarus 设想了情绪是由前因变量、调节变量和影响因素组成的复杂过程。前因变量

---

① Ralf Schwarzer. Stress, Resources, and Proactive Coping[J]. International Association for Applied Psychology,2001(3).

② Albert Bandura. Self-Efficacy:the Exercise of Control[M]. New York:W.H. Freeman & Company,1997.

③ Lazarus,R. S. Folkman,S. Stress,Appraisal,and Coping[M]. New York:Springer Publishing Co.,1984:65.

④ Richard S. Lazarus. Emotion and Adaptation[M]. New York:Oxford University Press,1991.

⑤ 梁宝勇.应对研究的成果、问题与解决办法[J].心理学报,2002(6).

是指个人资源,如财富、社会网络、能力、承诺或信念,以及客观需求、关键事件。调节过程是指认知评价,如对资源、需求的评价和应对努力。压力和应对带来的最直接的影响就是生理和情感的变化,同时身体条件或心理状态的变化会导致同一个体在不同场合把同一事件解释成具有应激性或不具有应激性。可见,个体对应激源的认知评价决定着应激反应的唤起和应对行为的选择,认知—评价使得一个事件具有应激性或不具有应激性,同一个环境事件对某个人来讲可能具有应激性,而对其他人来讲可能不具有应激性。①

三、压力应对的行为反应

压力的行为反应通常情况下是压力应对的表现形式。应对(coping)是个体努力管理特定的外在或内在经过评价的资源的认知和行为,这种认知和行为通常表现为在压力情境下的所想所做,并经常随着压力情境的变化而进行调整。心理学家把应对视为在特定情境的行为和情绪的过程中,个体为了处理被自己评价为超出自己能力范围的要求,作出的不断变化的认知和行为努力。应对不是简单的自动适应行为,而是为了关注某种结果的努力,生理与心理的唤醒经过认知评价过程后除了通过情绪,还通过行为来表达,有些行为能够帮助防止出现失控的压力应激反应。行为可以用来应对压力源并与之相互影响,当压力过度时,行为可以用不同的方式来应对。行为对可能的结果的不同表征,以及目的、动机和期望都是人类机能的组成部分。

本书对青年公务员的工作压力源进行研究,因为工作绩效是工作行为的范畴,基于认知—评价理论,工作压力源对青年公务员的影响会通过行为表现出来,这种行为在工作领域则主要表现为工作绩效,即青年公务员对工作压力应对的行为表现。

---

① 刘云波.青年军人心理应激及其管理干预研究[D].重庆:第三军医大学,2011.

第三节 资源保存理论视角下的压力研究

一、资源保存理论的基本内涵

资源保存理论(Conservation of Resource Theory,COR Theory)认为个体有努力获得和维持自身资源的本能,当个体所处的环境使其知觉到可能失去某些资源,或已经失去了某些资源,或获得新的资源比较渺茫时,使得工作要求无法充分满足,或是无法得到预期的回报时,就会产生压力和不安全感。[①] 资源保存理论把资源分为四个类型,即客观资源、条件资源、个人资源和精力资源,即个体获得或保护有价值资源的途径。在资源中,人们比较重视的是"珍贵资源",包括和人息息相关的事物、条件、时间、能力、精力等,其本身珍贵,或者通过它可以获取其他的珍贵资源。资源保存可分为三个等级:① 首要资源的丧失(primacy of resource loss)。个体对切身资源的保护,就像人类对于食物和水的需求一样,其重要性远比获取多余的资源要高,因为失去比取得更重要。工作者对于环境中足以造成其珍贵资源损耗的需求尤为敏感,会优先采取对策行动,以保护珍贵资源不再继续丧失。② 次要资源的获取(secondary importance of resource gain)。虽然获取额外资源不如保护基本珍贵资源重要,但是拥有更多资源可以降低丧失其他资源的机会,同时拥有资源本身也是有价值的,如可以提升个人的工作成就感或提升个人的社会地位等。③ 投入资源以免资源丧失(investing resources to prevent loss)。个人借以保护资源流失的主要方法是投入更多的资源来改变现况,以防止或减缓珍贵资源的流失。[②]

资源保存理论中的丧失或获取的螺旋效应(loss or gain spiral)对压

---

① Hobfoll, Stevan E.. The Influence of Culture, Community, and the Nested-Self in the Stress Process: Advancing Conservation of Resources Theory[J]. Applied Psychology, 2001(3).

② Freund, A. M.. What I Have and What I Do: the Role of Resource Loss and Gain Through Out Life[J]. Applied Psychology, 2001(3).

力情况下资源流失的一般规律进行了阐述,个人投入其他资源以保护珍贵资源不再丧失,其结果固然可能减缓资源的丧失,但也可能因此而加速资源的丧失,尤其在压力情况下,个人珍贵资源丧失殆尽,所能继续投入的其他资源相对减少,如果勉强从事,则容易落入所谓的"丧失螺旋(loss spiral)",就像滚雪球一样愈滚愈大,最后终于形成倦怠现象。同样的道理,也可能因为获取了某一珍贵资源,使自己更具有继续获取其他资源的能力,即产生"获取螺旋(gain spiral)"。当然,由于保护资源丧失对于人来讲远比获取额外资源更为重要,所以获取螺旋形成的速度不如丧失螺旋形成的速度。资源保存理论认为,每一种压力均有其真实原因,只有找出它的真实原因并加以化解,才能真正解决压力和倦怠的问题;化解资源丧失所产生压力和倦怠现象的方法,主要是降低珍贵资源继续丧失的机会,加强获取其他珍贵资源的机会。[1]

资源保存理论认为,个体的资源保存通常表现为个人总是获取资源以防止资源流失;个人拥有的资源越多,就越不容易资源流失,越容易获取资源;拥有强资源少的个体可能使得资源流失加快,拥有强资源多的个体获得资源的可能性更大。同时,他们还认为有四种情境会让个体产生不安全感:第一,个体认为有价值的资源面临失去的威胁;第二,个体认为某些有价值的资源已经失去;第三,支持个体获得有价值资源的因素不充分;第四,背景提供的保护或培育有价值资源的途径不清晰。[2]

二、资源保存理论成为压力产生的人性动机

Hobfoll 扩展了压力和应对理论,认为资源保存理论作为压力冲突的主要人性动机,资源也是 Lazarus 压力理论中的主要因素。资源的主观状态和客观状态对压力影响具有差异性。Lazarus 认为,客观资源只是作为影响压力的前提条件,而主观资源(资源评价)直接影响了应激过程。

---

[1] Stevan E. Hobfoll. Conservation of Resources: a New Attempt at Conceptualizing Stress [J]. American Psychologist, 1989(3).

[2] Stevan E. Hobfoll, Roy S. Lilly. Resource Conervation as a Strategy for Community Psychology[J]. Journal of Community Psychology, 1993(4).

实际上，个体对需求和资源评价的同时也构成了压力的开始。① Hobfoll 同时考虑了客观和主观资源，并认为客观资源比主观资源与压力的关系更大。因此，两个理论的差别在于一个程序问题，而不是原则问题。②

Hobfoll 认为，客观资源更加重要，认知评价能公正地评价起因于客观原因的应激综合模型，包括评价应对以及适应性结果，如健康、幸福和社会和谐等。从流程视角来看，Lazarus 更注重开始的评价，而 Hobfoll 则注重开始的客观资源状态和随后的应对。因此，Hobfoll 的模型有时被称为"资源基础应对理论"③。

Hobfoll 提出了损失或收益的二分法，资源损失分为三类：一是资源威胁与损失；二是资源实际损失；三是未能获得资源。资源的变化（特别是资源损失大于收益）会带来资源缺乏，更会给人们带来影响。Hobfoll 的资源损失或收益的二分法，尤其是以资源为基础的损失与增益螺旋给压力和应对研究留下了新的思路。Lazarus 提到的压力评价结果包括挑战、威胁、伤害（损失）及福利，在压力下，人们努力争取更多的资源以实现收益最大化。

Hobfoll 认为员工资源的损耗，如身份、职位、自尊等珍贵资源的损失会让员工感觉到压力，在压力状况下，员工不得不通过各种渠道获取某些资源来弥补其他资源的损失。④ Hobfoll 和 Shirom 认为个体特征，如恢复与控制环境的能力可以减轻压力。Wright 和 Cropanzano 认为情感消耗代表资源的流失，如果个体的情感资源消耗过多，就无法获得必需的资源去克服组织压力以维持良好的绩效。⑤ 由此，当公务员感觉到环境可能威胁或导致个人拥有资源的枯竭（depletion）时，他便会评估他自身的

---

① Lazarus, R. S. Folkman, S. Stress, Appraisal, and Coping[M]. New York: Springer Publishing Co., 1984:78.
② Schwarzer Ralf. Stress, Resources, and Proactive Coping[J]. Applied Psychology, 2001 (3).
③ Stevan. E. Hobfoll, The Ecology of Stress[M]. New York: Hemisphere Publishing Corp., 1988.
④ Stevan E. Hobfoll. Conservation of Resources: a New Attempt at Conceptualizing Stress [J]. American Psychologist, 1989(3).
⑤ Wright Thomas A., Russell, Cropanzano. Emotional Exhaustion as a Predictor of Job Performance and Voluntary Turnover[J]. Journal of Applied Psychology, 1998(3).

能力、社会支持和拥有的材料或其他资源,选择有效的应对去处理需求。这会对公务员的行为产生影响,帮助个体重新适应环境和重新建立一种人与环境的平衡。①

对于青年公务员来说,资源保存理论中提到的珍贵资源包括晋升机会、与领导或同事良好的人际关系、优厚的薪酬待遇等。因此,青年公务员工作压力的产生诱因可能是由于珍贵资源的流失或次要资源的获取受阻。资源保存理论挖掘了青年公务员工作压力的深层次原因,成为研究青年公务员工作压力源的理论基础。

---

① Thomas G. Cummings Cary L. Cooper. A Cybernetic Framework for Studying Occupational Stress[J]. Human Relations,1979(5).

第二章 国内外研究现状与理论架构的提出

本章将对公务员工作压力源、公务员压力、公务员胜任力、绩效的概念界定与分类、结构量表的发展与演进、与概念相关的前因变量以及后续变量进行文献回顾与评述,从而为本书理论架构的提出提供依据。

第一节 公务员工作压力研究回顾

一、国外对公务员工作压力的相关研究

在对公务员压力的研究中,西方学者主要对公务员的压力、心理疾病、应对行为以及性别差异进行了研究。通过 EBSCO 搜索,输入 civil servants occupational stress,共搜索到 72 篇文献,除去一些非学术期刊或核心内容非公务员压力的文献,最后共查阅到 18 篇文献。Janet 和 Cary 等的研究结果表明,公务员的压力主要来自工作自身,如工资相对较低、工作条件差、对工作和组织缺乏控制等。[1] Hans 等认为,对工作缺乏控制是导致公务员冠心病发病率增高的主要原因。[2] Claudia 等对巴西里约热内卢 3 574 名公务员进行了工作支持感、工作压力与心理困扰之间关系的实证研究,通过实证研究发现,在控制了年龄、教育程度、收入和其他工作等要素的基础上,低工作支持和高工作压力与心理困扰一致。

---

[1] Janet Bogg, Cary Cooper. Job Satisfaction, Mental Health, and Occupational Stress among Senior Civil Servants[J]. Human Relations, 1995(3).

[2] Bosma Hans, Peter Richard, Siegrist Johannes, et al.. Two Alternative Job Stress Models and the Risk of Coronary Heart Disease[J]. American Journal of Public Health, 1998(1).

对于低工作支持,工作压力强度男性较女性强,但是女性与男性同样感觉到高工作压力。承担脑力劳动的男性比承担体力劳动的男性有更多的心理压力,经常上夜班的公务员没有呈现出显著的心理困扰。进一步的研究得出结论:低工作支持是巴西公务员很重要的心理压力源。研究结果为发达国家不良的社会心理工作环境和心理困扰之间的关联提供了更多的证明,从而为决策者在规划和促进公务员健康和快乐方面提供了有用的参考。① Michael 等对 869 名军事人员与公务员的组织正义和退出成果之间以及情绪耗竭的调节作用进行了研究,他们检测了一个拟合模型,包括公平和压力研究,发现个人对公平的觉察与他们的心理健康程度有关系。据预测,情绪耗竭调节着人际公正、分配公平与个人退出的关系。② Lallukka 等对三个国家的 40—60 岁公务员的家庭—工作冲突与不健康行为的关系进行了研究,其中英国 3 397 名、芬兰 4 958 名、日本 2 901名,不健康行为包括如吸烟、酗酒、缺乏体力活动和不健康的饮食习惯。研究发现,在这三个国家的公务员中,家庭—工作冲突与不健康行为之间的关系不显著。在芬兰,男性公务员的家庭—工作冲突强时,吸烟也会较多。女性公务员面对家庭与工作冲突时,往往会产生不健康的饮食习惯和过多的饮酒。同样的,英国女性公务员面对很强的家庭—工作冲突时也经常会酗酒。③ Anita 等对职业压力下的职业安全感、资源应对和个人处置进行了实证研究,以 222 名澳大利亚公务员为样本,研究沿用了 Osipow,Doty 和 Spokane 的研究框架,即压力—应激—应对模型,并加入了个性处置作为调节变量。通过多元回归发现,在不同形式的压力下,个性处置、资源应对和可觉察工作安全感之间具有显著关系,消极的行为对可觉察工作安全感与体力有负面影响,在不同的职业压力情况下的资源

---

① Lopes Claudia S., Araya Ricardo, Werneck Guilhermel., et al.. Job Strain and other Work Conditions:Relationships with Psychological Distress among Civil Servants in Rio de Janeiro,Brazil[J]. Social Psychiatry and Psychiatric Epidemiology,2010(3).

② Michael S. Cole,Jeremy B. Bernerth,Frank Walter, et al.. Organizational Justice and Individuals' Withdrawal:Unlocking the Influence of Emotional Exhaustion[J]. Journal of Management Studies,2010(3).

③ Lallukka T., Chandola T., Roos E., et al.. Work-Family Conflicts and Health Behaviors among British, Finnish, and Japanese Employees [J]. International Journal of Behavioral Medicine, 2010(2).

应对以及消极行为也被广泛讨论。① Hans Bosma 等对两种可供选择的工作压力模型和冠状动脉心脏病的风险进行了实证研究,他们对英国男性与女性公务员的工作压力与冠心病风险之间的关系进行了研究,他们考察了两种可供选择的工作压力模式,即付出—回馈失衡模式和工作压力模式,研究样本的年龄在 35—55 岁之间,平均跟踪随访 5.3 年。研究结果表明,个人付出的不平衡(如竞争力、超出承诺和敌意)或不平衡的回馈(如晋升前景不佳和职业生涯阻碍)会产生高于平时 2.15 倍的冠状动脉心脏疾病风险。工作压力、工作要求高与心脏病没有显著关系。然而,低工作控制与新疾病显著相关。② Douglas Carroll 等以英国 1 091 名男性公务员为样本,对男性公务员的社会经济地位、敌对情绪、心理压力与血压之间的关系进行了实证研究。研究发现,血压的收缩压与公务员的级别正相关,公务员的级别越高,反应越强烈。心理压力、任务绩效还与行政级别相关,但是与血压反应不相关;敌对情绪与行政职级负相关。与以前的研究成果不同的是,敌对情绪与收缩压负相关。敌对情绪与心理压力、任务绩效负相关,但是与任务的难度没有关系。③

二、国内对公务员工作压力的相关研究

我国对于公务员工作压力的研究主要集中在心理学、企业管理领域,在公共管理领域的组织行为研究还尚未成形。

通过 CNKI 及学位论文搜索,共搜索到有关公务员压力的文献 16 篇,硕士论文 15 篇,没有博士论文。国内学者们对不同层级、不同地域的公务员的工作压力源进行了实证研究,提出了应对策略,并在对人口统计特征进行描述时,对青年公务员的工作压力进行了论述。

---

① Mak A.S., Mueller J.. Job Insecurity,Coping Resources and Personality Dispositions in Occupational Strain[J]. Work and stress,2000(4).

② Bosma Hans,Peter Richard,Siegrist Johannes, et al.. Two Alternative Job Stress Models and the Risk of Coronary Heart Disease[J]. American Journal of Public Health,1998(1).

③ Douglas Carroll,George Davey Smith, David Sheffield, et al.. The Relationship between Socioeconomic Status, Hostility, and Blood Pressure Reactions to Mental Stress in Men:Data from the Whitehall II Study[J]. Health Psychology,1997(2).

1. 领导干部的工作压力及对策

袁方、朱冽烈和白湘云对领导干部心理健康和工作压力状况进行了研究,他们把领导干部的工作压力分为九个维度,分别是工作负荷、工作难度、工作环境、知识更新、职业发展、人岗匹配、人际协调、社会交往和家庭工作冲突。调查结果表明,领导干部所感受到的工作压力总体处于中等水平,其中领导干部在工作难度和家庭工作冲突、社会交往方面感受到了相对较多的压力,而人岗匹配的得分较低,说明这方面感受到的压力相对较少。对比年轻领导干部和年长领导干部的工作压力状况,发现除工作难度、人际协调和社会交往三个要素外,在其余各项要素的得分中,年轻领导干部都比年长领导干部高。总体而言,年轻领导干部感受到的工作压力比年长领导干部大,但在工作难度、人际协调和社会交往方面,年长领导干部感受到了比年轻领导干部更大的压力。与普通干部相比,年长领导干部感受到的工作难度大,年轻领导干部感受到的知识更新压力大,这两类领导干部感受到的社会交往的压力都比普通干部大。无论是领导干部还是普通干部,年轻干部职业发展和人岗匹配的压力都大,而年长干部人际协调的压力则要更大。[1]

张建卫、张华伟和刘玉新对变革型社会的领导干部工作压力进行了理论研究,从多维理论视角分析了工作压力的发生机制,从个体—环境匹配理论视角、工作—要求—支持控制理论视角、交互作用理论视角对工作压力的形成和深层次原因进行了剖析,基于上述评析和领导者的实践活动,提出了领导者压力的整合性理论模型。该模型有如下理论要点:其一,工作压力是个体因素与环境因素之间复杂的交互作用结果。其二,压力源本身并不能决定是否产生压力及其大小程度,压力的产生是以个体对压力源的认知过程为中介机制,即"个体—环境"不匹配的认知及归因活动(内在或外在、稳定或不稳定、可控或不可控)。其三,社会支持和人格特质在工作压力感知上发挥着调节作用。社会支持是个体社会性发展所依托的社会关系系统,是个体有效应对压力、防范职业枯竭的一种外在调节机制。其四,工作压力可能会产生一系列结果,包括生理症状(失眠、头痛

---

[1] 袁方,朱冽烈,白湘云.领导干部心理健康和工作压力状况研究[J].中国行政管理,2009(11).

等)、心理症状(焦虑、抑郁等)和行为症状(拖延、逃避和离职等)。该理论模型对领导者的压力管理具有以下指导意义:① 减轻工作负荷,降低角色超载;② 提升角色胜任力,增进"个体—环境"的匹配度;③ 调控认知活动,消解非理性信念;④ 改善归因方式,学会悦纳自我;⑤ 构筑社会支持系统,防范职业枯竭;⑥ 增强人格复原力;⑦ 调控 A 型人格,培养从容心态。①

2. 基层公务员的工作压力及对策

商磊、张家云通过对四川省什邡市三个乡镇公务员的实证研究,发现乡镇公务员的工作压力来源最主要的是工作特征,接下来是组织结构与氛围、事业发展、工作家庭分界面、角色压力,排在最后的是人际关系。人口统计特征分析发现,31—45 岁年龄段的乡镇公务员对工作特征的压力体验最强烈,因为 31—45 岁年龄段的乡镇公务员承担了组织的主要工作及责任;已婚乡镇公务员的工作压力明显高于未婚的乡镇公务员。他们进一步提出了乡镇公务员压力管理应对策略:对乡镇政府工作的再设计,改变乡镇政府的组织结构,创建健康和谐的组织氛围,组织乡镇公务员参加体育锻炼,严格执行休假制度,做好职业生涯规划,实施"员工援助计划",加强对乡镇公务员素质的培训,提高个人抗压水平。② 记者王冬梅通过采访,对基层干部的压力进行了生动地总结:蹲守地头,官小事多;升迁难盼,前途无望;待遇不高,家庭担重。③ 四川广安市委组织部课题组对基层领导干部的工作压力进行了研究,课题组认为基层干部有来自各方面的压力,集中体现在工作压力、体制机制、社会环境、自身素质四个方面。究其原因,主要包括以下四个方面:一是日渐繁重的工作任务,令基层干部压力陡增。在新形势下,基层工作普遍存在"三增"现象:工作任务增重、工作要求增高、工作风险增大。与"三增"相对应的是,当前基层工作普遍存在"四多四少"现象:事情多、人手少,任务多、手段少,付出多、回报少,考核多、激励少。这种责任与回报的强烈反差直接导致基层干部心理失衡、烦躁不安。二是尚不健全的体制机制,令基层干部如履薄冰。不

---

① 张建卫,张华伟,刘玉新.社会变革期领导干部的工作压力:理论解析与管理策略[J].中国行政管理,2011(2).
② 商磊,张家云.乡镇公务员工作压力成因及应对策略[J].中国行政管理,2009(6).
③ 王冬梅.乡镇基层干部身心压力待疏解[N].组织人事报,2010-08-17.

健全的机制主要表现在考核评价机制不优、选人用人机制不活、工作运行机制不畅。三是复杂多元的社会环境,令基层干部备感无奈。四是参差不齐的个体素质,令基层干部内外交困。① 梅利华对黄冈市56名不同层次的公务员的心理压力进行调查后认为,公务员心理压力主要来自以下方面:① 末位淘汰制的压力;② 某市某部门权责不对等的压力;③ 晋升期望的压力;④ 上司的工作安排、决策、领导风格对公务员造成的压力;⑤ 公务员管理制度不完善、不明确的压力;⑥ 人际关系复杂的压力;⑦ 潜规则的压力(对潜规则有较大认同的公务员,压力要小些,而对潜规则不予认同的公务员,压力较大);⑧ 社会对公务员负面看法的压力;⑨ 公私冲突的压力;⑩ 公务员个人心理素质弱造成的压力。②

3. 其他类型公务员的工作压力及对策

何小师、郎福臣和尚天晓对公务员工作压力源进行了比较分析,通过调查对六项因素进行排序,即领导及制度因素、工作本身因素、工作中人际关系因素、职业生涯因素、角色因素、工作环境因素。其中,领导及制度因素成为导致公务员职业压力的第一大压力源;其次是领导对工作限制得太多,工作自由度小,自身的能力得不到充分的发挥;接下来是公务员对参与决策机会太少及对领导者风格不适应也深有感触;职业生涯发展不明确成为导致公务员压力的第四大因素。同时,公务员还面临工资及其他的福利待遇低、工作责任重大等工作压力。③ 封丹珺、石林对432名公务员进行了问卷测试,确定了公务员工作压力源的因素结构,即上级领导、工作责任、人际关系、工作任务、工作性质、完美倾向和职业前景。④ 焦璨、张敏强、黄泽娟等对澳门公务员的工作压力进行了研究,压力源依次是工作负荷压力、决策参与度压力、工作前景压力和人际关系压力。⑤

---

① 中共四川广安市委组织部课题组.基层领导干部心理健康问题的成因及治理建议[J].领导科学,2010(30).
② 梅利华.浅论公务员心理压力的管理[N].黄冈日报,2010-09-06.
③ 何小师,郎福臣,尚天晓.公务员工作压力源的调查与思考[J].职业时空(研究版),2005(6).
④ 封丹珺,石林.公务员工作压力源问卷的初步编制[J].中国心理卫生杂志,2005(5).
⑤ 焦璨,张敏强,黄泽娟,等.澳门公务人员工作压力与心理健康的关系研究[J].人类工效学,2010(3).

闵慧男对公务员的心理压力进行了分析,认为公务员的压力源主要来自工作的压力:一是公务员工作于政府行政系统,这就决定了其工作服从性高、规定性强,要求严格遵循工作的程序等。二是竞争上岗、选任制和聘任制、问责制等措施加大了公务员的竞争。三是晋升的压力。四是社会的压力,包括社会和公众的期望产生的压力、人际压力。公务员来自自身的压力包括:第一,公务员个体综合素质比较高,社会认知和自我觉察能力比较强。第二,公务员普遍有争强向上的竞争意识,要求自己负责的工作不能落在别人后面,自己的竞争不能落在别人的后面。[①]

常征、王娟对女性公务员的压力状况进行了实证研究,调查结果表明,45岁以后的女性公务员感到工作压力不大,她们对于职务升迁不会抱太大希望,也不会因压力而产生情绪不稳定;30—45岁是女性公务员工作压力最大的一个阶段,尤其是工作与家庭冲突;30岁以前的女性公务员的压力主要来源于职业发展前景。同时,有些女性公务员还认为社会给她们带来压力:周围的人会提出,为什么她们得不到提升机会等问题,这无形中给她们带来了心理压力;有些女性公务员提出职位低、无成就感和自卑等问题;有些女性公务员提出观念有些落后、思想较为消极,孩子、家庭占据大部分精力,工作处于应付状态。[②]

聂晓莉、薛琪、赖名慧等对广东省某市1 150名税务公务员进行了调查,调查发现,因为工作压力等原因引起公务员亚健康总患病率为83.88%,主要表现在眼睛疲劳、记忆力差、精力下降、视力减退、颈肩部疼痛、容易烦恼和激动、工作或学习效率降低、休息后很难缓解疲劳等方面。研究认为这个结果与公务员的职业特点有关,如面对考核、晋级、人际关系、工作能力、长时间文字或电脑工作、脑力劳动多、缺乏锻炼等工作压力使得公务员亚健康患病率高。[③] 景怀斌从组织诊断视野对我国公务员职业压力进行了论述,提出了"因素—结构—功能空间研究策略",从中国社会制度—文化—心理现实出发,构建了研究框架,形成了压力的"意义化

[①] 闵慧男.公务员心理压力分析与压力管理[J].哈尔滨市委党校学报,2009(6).
[②] 常征,王娟.女性公务员心理健康状况研究:以北京市H区为例[J].中国行政管理,2011(6).
[③] 聂晓莉,薛琪,赖名慧,等.税务部门公务员亚健康现况及影响因素分析[J].中国公共卫生杂志,2010(5).

匹配知觉—选择理论"公务员制度建设的权力三元配置和基于人性的职业精神培育。① 徐静英认为公务员的压力来源于多个方面,主要有不必要会议过多、工作应酬必须喝酒、升迁的希望很小、承担角色与责任过多、担心工作不能令领导满意、担心下属完不成任务、被迫执行领导不切实际的决定、有时不得不说假话等等。②

三、我国公务员工作压力源量表的文献回顾

虽然国外的压力量表研究相当成熟,但是我国公务员工作压力源量表研究才刚刚起步,目前共有6篇文献或专著对我国公务员工作压力源量表进行了研究,一是四因素说,焦璨、张敏强、黄泽娟等对澳门公务员的工作压力进行了研究③,姜文锐、马剑虹从七个因素中经过量化分析得出其中四个因素为公务员工作生活压力源④;二是五因素说,景怀斌根据公务员职业压力感的扎根理论研究,编制了五维度公务员工作压力影响因素量表⑤;三是六因素说,何小师、郎福臣、尚天晓对公务员工作压力源进行了比较,认为存在六项公务员工作压力源⑥;四是七因素说,代表学者是封丹珺、石林,他们对432名公务员进行了问卷测试,确定了公务员工作压力源的七个因素结构⑦;五是九因素说,袁方、朱冽烈、白湘云采用《领导干部心理健康与工作压力测评量表》对北京领导干部工作压力进行测量,发现了工作压力九因素结构⑧。具体量表因素结构名称及量表题项如表1所示。

---

① 景怀斌.公务员职业压力:组织生态与诊断[M].北京:中央编译出版社,2011.
② 徐静英.转型期公务员思想变化特点研究[J].人民论坛,2011(17).
③ 焦璨,张敏强,黄泽娟,等.澳门公务人员工作压力与心理健康的关系研究[J].人类工效学,2010(3).
④ 姜文锐,马剑虹.公务员和企业员工工作生活压力比较研究[J].人类工效学杂志,2003(1).
⑤ 景怀斌.公务员职业压力:组织生态与诊断[M].北京:中央编译出版社,2011:115.
⑥ 何小师,郎福臣,尚天晓.公务员工作压力源的调查与思考[J].职业时空(研究版),2005(6).
⑦ 封丹珺,石林.公务员工作压力源问卷的初步编制[J].中国心理卫生杂志,2005(5).
⑧ 袁方,朱冽烈,白湘云.领导干部心理健康和工作压力状况研究[J].中国行政管理,2009(11).

表 1　我国公务员工作压力源量表

研究者	公务员工作压力量表因素结构	量表题项
焦璨、张敏强、黄泽娟等(2010)	四因素：工作负荷压力、决策参与度压力、工作前景压力、人际关系压力	31
姜文锐、马剑虹(2003)	四因素：家庭生活事件、生活费用、知识技能要求、工作环境	37
景怀斌(2011)	五因素：领导—人际因素、工作原则、岗位—角色冲突因素、工作他控性因素、期望抱负	95
何小师、郎福臣、尚天晓(2005)	六因素：领导及制度因素、工作本身因素、工作中人际关系因素、职业生涯因素、角色因素、工作环境因素	未说明
封丹珺、石林(2005)	七因素：上级领导、工作责任、人际关系、工作任务、工作性质、完美倾向、职业前景	32
袁方、朱洌烈、白湘云(2009)	九因素：工作负荷、工作难度、工作环境、知识更新、职业发展、人岗匹配、人际协调、社会交往、家庭工作冲突	未说明

综上所述，西方学者对公务员压力的实证研究很丰富，主要集中于压力与生理疾病尤其是心血管病的关系、压力与行为之间的关系，如工作支持度、工作绩效和不健康饮食行为等。在实证研究过程中，还注重公务员的跨国差异性比较、发达国家与发展中国家的差异性比较以及人口统计变量的差异性比较。我国的学者对公务员压力的研究刚刚起步，主要致力于中国公共管理情境下的工作压力源量表的编制，尤其是地方公务员或某个系统公务员的工作压力源维度。我国公务员的工作压力源主要包括职业发展前景、管理体制、人际关系、社会环境压力等方面，而关于青年公务员的相关压力源研究目前尚缺失。

国内学者的公务员工作压力量表主要集中于对地方公务员或某个系统公务员的工作压力源进行测量，针对我国青年公务员工作压力源的量表还没有，而且前人的量表测量都没有经过验证性因子分析，即没有对工作压力源的模型拟合精确性进行验证，量表不够精确成熟，本书将弥补这些不足。实证精神认为实证的精髓在于真实、有用、精确，本着这三个核心价值，本书将以我国政府治理模式的具体情境为基础，开发契合青年公务员工作实际情况并经过统计学精确验证的青年公务员工作压力源量表,在此基础上对我国青年公务员工作压力源进行测量与思考。

第二节 公务员胜任力研究回顾

胜任力(Competence)这一概念之所以引起学术界以及管理实践者们普遍的关注,是因为哈佛大学 McClelland 教授于 1973 年在《测量胜任力而非智力》一文中提出用评价胜任力来取代传统智力测量。他认为,用智力测验(如智商)等来预测工作绩效或职业生涯的成功时,其预测的准确度比较差,而且具有严重的偏差,因此,他提出了评价人的胜任力。经过多年的研究和实践,他提出了二十多种胜任力特征,如获取信息的技能、分析思考的技能、概念思考的技能、策略思考的技能、人际理解和判断的技能、服务导向的技能、影响他人的技能、发展下属的技能、团队工作技能、领导技能等等。胜任力模型是一组被确认的胜任特征①,是能够区分绩效优秀者和绩效平平者的特征模型。通常所说的能力标准或能力指标就是指各项胜任特征,本书把这些特征组合称为"胜任力模型"。胜任力的概念最早由 Robert White 提出,李明斐总结了西方学者的胜任力定义的特征,一是胜任力与高绩效相关,对工作绩效有预测作用;二是个体的胜任力水平可以通过其行为反映出来,这些行为表现是可观察的、能测度的,是特定情境下对知识、技能、态度、动机等的具体运用;三是胜任力与岗位要求和工作要求密切相关,不是独立于工作情境之外的;四是胜任力随工作和环境的变化而变化,是动态发展的。②

自从胜任力的概念被提出后,胜任力的研究就成为全球的焦点。1980 年,美国盖洛普公司对美国 282 家大型企业以及 300 多家中小型企业进行了调查,结果表明,在大型企业中有效的管理者最重要的因素是正直、勤奋、与人相处的能力,其他排在前列的因素还包括献身精神,能与他人一起工作,能通过别人把工作干好;在中小型企业中,与他人相处的能

---

① 叶龙,张文杰,姜文生.管理人员胜任力研究[J].中国软科学杂志,2003(11).
② 李明斐.公务员胜任力模型的构建与检验研究[D].大连:大连理工大学,2006.

力列在第一位,接下来是正直、勤奋、业务知识、智力、领导能力和所受的教育。

Boyatzis 提出了胜任经理的高绩效模型。以麦克里兰的早期研究为基础,通过深入调查并归纳出与有效提高和保持管理绩效具有相关性的十九项胜任力,其中七项为工作必备的门槛性胜任力,即普通知识、动机、特质、自我印象、社会角色或者技能等,这是一个人胜任工作要求的基础能力;要取得良好绩效,管理人员需要具备目标和行动管理能力、领导能力、人力资源管理能力、指导下级技能能力、其他(客观知觉、自我控制、持久性、适应性)以及特殊知识(经理及其特殊社会角色的特殊知识)等六个方面的胜任力。①

一、国外对公务员胜任力的研究

在西方,胜任力模型的研究在企业管理领域非常盛行。渐渐地,公共管理领域也开始关注胜任力的相关理论,并试图把理论运用于公共管理实践中。国外最早对于公务员领域的胜任特征研究,同样发端于麦克里兰。20 世纪 70 年代初,麦克里兰应邀为美国国务院新闻总署就如何公正地选拔高效能的海外文化事务官员设计可供施行的态度、典型行为习惯等指标。在完成美国国务院新闻总署的这个项目的过程和基础上,麦克里兰和戴雷分别于 1972 年和 1973 年联合发表了两篇文章《改进外交官的筛选》和《评估用于测量优秀海外文化事务官员的必备素质的新方法》。

英国、美国、澳大利亚等国家的政府非常注重公务员的胜任力标准,都各自制定了适合自己国情和特点的公务员胜任力标准。

英国政府是较早开展公务员胜任特征研究,构建基于胜任特征的公务员考核和培训体系的西方国家之一。英国在考核公务员时有十项考核项目:业务知识、责任心、可靠性、判断力、创造力、性格、热情、机敏性、监督能力、行为道德等。英国公务员学院为了深化公务员培训,提出并确定高级公务员的九条核心能力框架:领导能力、战略思考和规划能力、完成工作任务的能力、管理人力资源的能力、沟通能力、管理财务与其他资源

---

① 王建民,杨木春.胜任力研究的历史演进与总体走向[J].改革,2012(12).

的能力、个人能力、创造力和判断力、专业知识和业务能力。①

美国人事管理办公室运用各种定性或定量的方法建立了适用于行政管理人员和监督人员的胜任力模型,该模型包括战略眼光、环境敏感性、领导力、灵活性、关注结果、沟通等共同要素。荷兰的ABD组织开发了高级领导职务公务员胜任力模型,包括一致性管理、问题解决、人际关系、执行效率、影响力、达观、敏感性七个维度。②

比利时联邦政府与Flemish地区政府认为,公务员能力管理是一个多层面的管理工具,可以满足政府改革的愿景。比利时联邦政府把公务员能力素质模型分为一般能力和特殊能力:一般能力包括分析技能,灵活和创新思维,目标导向,视觉综合能力,指导、激励和发展人才,管理团队,口头和书面沟通能力;特殊能力包括人力资源管理技术的发展和对变革管理的知识和理解,制定一项人事政策战略能力和对劳动力市场发展趋势、培训发展的理解能力,联邦政府人事政策的社会和政治背景知识,对政治决策过程的理解能力,规划、协调和项目预算管理的经验。③

二、国内对公务员胜任力的研究

21世纪以来,我国学术界及政府实践层次上开始系统地对公务员的能力标准进行研究,主要研究成果如下。

(一)实践层次的公务员胜任力研究

我国香港地区政府制定公务员能力标准体系的主要目的是为考核工作提供依据。香港地区制定的公务员能力标准体系分为两个档次:第一档次包括工作知识、运用工作知识的能力、洞察力、分析能力、决策能力、提出建设性意见的能力、组织能力、工作效率、书面表达能力、口头表达能力、数字表达能力、承担责任的自觉性、压力管理能力、工作的主动性、人际关系、员工管理能力、语言能力;第二档次包括性格、责任心、可靠性、工

---

① 侯奕斌.科级公务员胜任特征及相关因素研究[D].广州:暨南大学,2007.
② Annie Hondeghem, Filip Vandermeulen. Competency Management in the Flemish and Dutch Civil Service[J]. International Journal of Public Sector Management, 2000(4).
③ Marleen Brans, Annie Hondeghem. Competency Frameworks in the Belgian Governments: Causes, Construction and Contents[J]. Public Administration, 2005(4).

作热情、职业道德、机敏适应性、判断力、创造力、管理能力。其中,第二档次的大部分和第一档次的少部分(洞察力、承担责任的自觉性、工作的主动性、人际关系)就属于冰山模型水面以下的部分。

我国内地政府部门从 2003 年开始对公务员的通用能力进行探索。2003 年,我国原人事部出台的《国家公务员通用能力标准框架(试行)》中提出 9 项公务员通用能力标准,分别为政治鉴别能力、依法行政能力、公共服务能力、调查研究能力、学习能力、沟通协调能力、创新能力、应对突发事件能力、心理调适能力。人事部要求各地、各部门在公务员培训、录用、竞争上岗、考核等工作中,要以标准框架为参考依据,体现通用能力的要求,并根据不同职务公务员的特点制定细化的标准。

2004 年,上海市在参考和借鉴英国、美国、日本等发达国家公务员能力建设先进经验的基础上,结合中国国情和上海特点,研究构建了上海市国家公务员能力素质指标体系。根据国际上一般做法,上海市公务员能力素质标准构建的对象划分为三个层次:一是基层行政人员,包括办事员、科员、副科级公务员、科级公务员;二是中层行政人员,包括副处级公务员、处级公务员;三是高层行政人员,主要是副局级公务员。在具体设计上,把指标分为思考能力、行动能力、管理能力、工作态度四个一级指标,并进一步细化为二、三级指标体系,针对不同层次的行政人员制定了一套涵盖 100 多项能力素质的指标体系,比较完整地反映了新时期上海市国家公务员能力素质的基本要求。同时,根据新的能力指标体系,该课题就推进上海市国家公务员能力建设提出了一系列的对策措施和政策建议。[①]

(二)理论层次的公务员胜任力研究

我国胜任力研究的代表学者有时勘、王重鸣、安鸿章、彭剑锋、赵曙明和萧鸣政等,这几位专家的成果奠定了中国公务员胜任力研究的基础,他们的研究成果主要集中在企业管理领域,学术界对于公务员的胜任素质的研究成果不如企业管理领域那样丰富,主要集中在对地方政府基层公

---

① "上海市国家公务员能力素质标准研究"课题组,王体法.上海国家公务员能力素质标准研究[J].公共行政与人力资源,2004(1).

务员的胜任素质研究上。通过 CNKI 搜索,输入"公务员胜任力",共搜索到 64 篇文献,其中 36 篇硕士论文,2 篇博士论文,26 篇期刊论文;输入"公务员胜任素质",共搜索到 6 篇文献,其中 5 篇硕士论文,1 篇期刊论文。总结归纳这些文献,可分为五个流派。

1. 按公务员的行政职别对胜任力或胜任素质进行研究

郑学宝和孙健敏于 2004 年对广东省县处级领导人才的胜任模型进行研究[1],他们于 2006 年又对广东省县级党委领导正职和政府领导正职的胜任力特征进行了比较分析[2]。他们把县处级领导人才的胜任力模型分为知识、技能、素质和个性特征四大类,知识又分为政治理论知识、政策法规知识、业务知识、公共知识;技能分为一般能力、管理胜任力和专业能力;素质分为思想政治素质、道德品质和身心素质;个性特征包括性格、工作作风、气质风度、生活作风。于永达、林向峰和张远东采用定量分析方法——第二代统计技术偏最小二乘回归方法,探讨领导人才能力素质测评的新型方式,以求为组织人事部门解决领导人才考评和选拔等现实工作问题提供新的建设性思路。[3] 李明斐用定量分析对我国公务员胜任力模型进行研究,针对市直机关处级领导职务公务员构建和检验了领导职务公务员胜任力模型。胡月星对司处科三级公务员胜任力进行了调查,调查结果表明,不论哪个年龄段的公务员都把解决实际问题的能力放在第一位。[4] 侯奕斌对科级公务员胜任特征及相关因素进行了研究,建构了科级公务员胜任特征量表。舒倩对中央机关科级及以下公务员胜任力进行研究,发现中央机关科级及以下公务员胜任力模型具体包括五个维度三十个指标:① 能力素质,包括综合分析能力、观察问题能力、计划统筹能力、调查研究能力、理解能力、反应能力、执行能力、语言表达能力;② 价值取向,包括严于律己、谦虚谨慎、自信乐观、细致认真、坚持原则、责任心;③ 专业素养,包括政策理论水平、与岗位相关的专业知识技能、政治鉴别能力、公文写作

---

[1] 郑学宝,孙健敏.建立县处级领导人才胜任力模型[J].中国人力资源开发,2004(11).
[2] 郑学宝,孙健敏.县域经济发展与县级党政领导正职的胜任力模型研究[J].学术研究,2006(1).
[3] 于永达,林向峰,张远东.基于 PLS 的领导人才胜任力测评方法研究[J].改革,2005(1).
[4] 胡月星.司处科三级公务员胜任力调查[J].决策,2012(6).

能力、服从意识、服务意识;④ 发展能力,包括独立思考能力、独立解决临时性问题的能力、准确进行自我评价的能力、有上进心、创新精神、自主学习能力;⑤ 关系建立,包括心理调适能力、沟通协调能力、人际关系交往能力、合作精神。① 叶龙、刘岚探讨了国家部委公务员胜任素质模型构建的模式,并根据公务员素质调研实际情况,从素质输入、素质筛选、素质输出三个环节进行了详细的分析,构建出国家部委公务员胜任素质模型。②

2. 按公务员所在政府地域对公务员胜任力进行研究

王丛漫、宁文华、孟双见等构建了河北省直机关公务员胜任力模型,模型主要涵盖了决策与创新能力、依法行政能力、自我发展能力等八个因子③;郑烨、王明杰和李金龙基于新疆维吾尔自治区的实证调查对少数民族地区公务员胜任力模型进行构建④;冯珊瑚构建了澳门公务员胜任力模型结构⑤;李岩对沈阳市中层领导职务公务员胜任力问题进行研究⑥。

3. 按公务员职位类别对公务员胜任力进行研究

周敏以税务系统公务员为例对行政执法类公务员胜任力素质技能标准进行研究,构建了税务系统行政执法类公务员通用胜任力素质技能标准五个模块。模块一是政治及业务素养模块,包括政治素养、税收业务素养、行为素养三项;模块二是执行与学习能力模块,包括执行能力、开创性工作能力、学习能力三项;模块三是责任心与归属感模块,包括责任心、工作积极性、集体荣誉感三项;模块四是人际关系处理能力模块,包括沟通协调能力、心理调适能力、自律能力三项;模块五是身心认知模块,包括身心健康、诚实守信两项。⑦ 郭太龙对 L 市行政执法类公务员胜任力进行

---

① 舒倩.中央机关科级及以下公务员胜任力研究[D].北京:首都经济贸易大学,2011.
② 叶龙,刘岚.国家部委公务员胜任素质模型构建方法研究[J].中国行政管理,2008(7).
③ 王丛漫,宁文华,孟双见,等.河北省直机关公务员胜任力模型的构建[J].河北科技大学学报(社会科学版),2007(3).
④ 郑烨,王明杰,李金龙.少数民族地区公务员胜任力模型构建研究:基于新疆维吾尔自治区的实证调研[J].西南民族大学学报(人文社会科学版),2011(3).
⑤ 冯珊瑚.澳门公务员胜任力模型结构探讨[D].广州:暨南大学,2009.
⑥ 李岩.沈阳市中层领导职务公务员胜任力问题研究[D].北京:首都经济贸易大学,2011.
⑦ 周敏.行政执法类公务员胜任力素质技能标准研究:以税务系统公务员为例[J].中国行政管理,2012(12).

了研究。①

4. 适用于我国公务员的胜任力模型构建

马灿构建了重视通用能力,应以"德"字为体,"变"字为用的我国公务员胜任力模型②;王伟英、龙太江研究胜任力模型在我国公务员体系建立和应用中存在的问题,并提出有针对性的对策③。

5. 公务员胜任力概念在其他人力资源管理环节中的应用

杜兴洋、田进对基于公务员胜任力的职业发展路径进行研究④;陈芳等以湖北省省直机关处级公务员为例,探索构建以胜任力为导向的测查式公务员培训模式⑤;李春玲对当前青年公务员胜任力在人岗匹配中的应用进行了分析与探讨⑥;杨雪莹对基于胜任力的公务员绩效测评体系进行了研究⑦;李越恒、胡振华提出了基于胜任力的绩效评估体系构建⑧;宋朝丽运用胜任特征模型应对公务员考试结构化面试⑨;梁建春、付孝莉、时勘对政府公务员的管理胜任特征进行了探讨,提出了公务员管理胜任特征要素分为知识、技能、政治素质、能力、个人特质五个维度⑩。

国外注重将公务员胜任力理论应用于公共管理实践,如西方政府关于公务员胜任力的界定在政府层面上以项目管理形式推进,结合政府改革、公务员人事管理等政策,胜任力模型可具体操作性强,与实际工作联

---

① 郭太龙.L市行政执法类公务员胜任力研究[D].沈阳:辽宁大学,2012.
② 马灿.公务员胜任力模型:特点及构建方法[J].山东行政学院学报,2011(2).
③ 王伟英,龙太江.建立和应用公务员胜任力模型存在的主要问题探析[J].理论前沿,2009(9).
④ 杜兴洋,田进.基于公务员胜任力的职业发展路径研究:以湖北省为例[J].中国行政管理,2011(11).
⑤ 陈芳,李铁斌.基于胜任力的测查式公务员培训新探:以湖北省省直机关处级公务员为例[J].中国行政管理,2012(7).
⑥ 李春玲.当前青年公务员胜任力的人岗匹配分析:以北京市某区机关青年公务员为例[J].云南行政学院学报,2009(4).
⑦ 杨雪莹.基于胜任力的公务员绩效测评体系研究[D].开封:河南大学,2010.
⑧ 李越恒,胡振华.基于胜任力模型的公务员绩效考评研究[J].湘潭大学学报(哲学社会科学版),2009(6).
⑨ 宋朝丽.运用胜任特征模型应对公考结构化面试[J].领导科学,2012(13).
⑩ 梁建春,付孝莉,时勘.政府公务员管理胜任特征初探[J].经济论坛,2007(9).

系较紧密,对实际的行政管理工作指导性较大。我国政府对于公务员的胜任力研究,在政府实践层面相对缺乏,学界研究成果丰硕,学者们通过定性或定量的方法对各个政府层级、各个行政职级的公务员胜任力素质构建进行了研究,但理论成果与政府实际管理的联系不够紧密,胜任力管理还没有真正成为公务员管理顶层设计的关注点。

第三节 公务员工作压力与绩效关系研究回顾

一、工作绩效

本书的研究模型中提出的"工作绩效"概念主要沿用了前人把工作绩效划分为任务绩效与关系绩效的方法。Borman 和 Motowidlo 于 1992 年、1993 年分别对 419 名、991 名在职空军技师进行测试时发现,工作绩效可以划分为任务绩效和关系绩效,并且第一次提出了关系绩效和任务绩效的概念。在 1992 年的研究中,他们运用 16 个项目、5 点量表进行测试;在 1993 年的研究中,他们又将关系绩效划分为两个维度:工作奉献和人际便利。Motowidlo 和 Scotter 于 1996 年提出了一个有关绩效的模型,即任务绩效和关系绩效模型。[①] 任务绩效是与具体职务的工作内容密切相关的,同时也是和个体的能力、完成任务的熟练程度和工作知识密切相关的绩效。关系绩效的内涵相当宽泛,包括人际因素和意志动机因素,如保持良好的工作关系、坦然面对逆境、主动加班工作等。Johnson 对关系绩效与任务绩效对整体绩效的贡献进行了实证研究,研究结果表明四维度关系绩效对整体绩效评估起着重要的作用,掌握工作压力的适应性绩效应作为关系绩效的一个方面。[②] 王辉等采用验证性因素分析的方法在中国文化背景下检验了任务绩效与情境绩效(关系绩效)在结构上

---

① Motowidlo,S.J.,Van Scotter,et al.. Evidence That Task Performance Should be Distinguished from Contextual Performance[J]. Journal of Applied Psychology,1994(4).

② J.W.Johnson. The Relative Importance of Task and Contextual Performance Dimensions to Supervisor Judgments of Overall Performance[J]. Journal of Applied Psychology,2001(5).

的差异,结果表明,任务绩效与情境绩效(关系绩效)在结构上是可以区分开的,二者具有不同的构面,从而支持了任务绩效与情境绩效(关系绩效)二因素绩效模型。

本书把工作绩效作为工作压力—胜任力的后续变量,纳入研究模型。

二、工作压力与工作绩效关系研究

本书研究的主要关系是青年公务员的工作压力与工作绩效之间的关系。对工作压力与工作绩效之间的关系的研究主要有以下三种观点。

(一)倒 U 形曲线关系

这一观点最具代表性的是耶克斯—多德森定律,这是心理学家耶克斯(R.M Yerkes)与多德森(J.D Dodson)在 1908 年经实验研究归纳出的一种法则,用来解释动机、任务难度与绩效三者之间的关系。他们认为,动机强度与绩效之间的关系存在着倒 U 形曲线关系,在比较容易的任务中,绩效随动机的提高而上升;随着任务难度的增加,动机最佳水平有逐渐下降的趋势。[①] 也就是说,在一个充满压力的工作状态下,过小或过大的压力都会使工作效率降低,即压力较小时,工作缺乏挑战性,人处于松懈状态之中,效率自然不高;当压力增大时,压力会成为一种动力,激励人们努力工作,效率将逐步提高。当压力等于人的最大承受能力之后,压力就成为阻力,效率就会随之降低。

(二)正相关关系

这一观点的代表人物是 Scott。他认为工作绩效与神经心理学相关,人的需求引起神经活跃,随之而来的是增加了人的警觉程度,从而对人们的工作业绩有着激活特征。这种激活特征主要来源于外力对人的心理、生理的唤醒,激起人们更高的需要和动机,从而使人以更高的热情投入到工作中,为人的行为提供巨大的动力,诱发人们创造更多的业绩。因此,

---

[①] Robert M. Yerkes, John D. Dodson. The Relation of Strength of Stimulus to Rapidity of Habit-Formation[J]. Journal of Comparative Neurology and Psychology,1908(5).

人们的工作绩效得到了提高。① Hall 和 Lawer 的研究显示,工作压力的激励效果要大于其抑制作用,工作压力与工作绩效呈正相关关系。舒晓兵对国有企业和民营企业人员的工作压力对工作效率的影响进行了实证研究,结果显示,两类企业管理人员的工作压力与工作效率呈一种正相关关系。②

(三) 负相关关系

这一观点的代表人物是 Miller。他认为在一个系统中压力源引起信息的超负荷,由于相关信息的忽略、对不正确的信息的控制以及信息的逃逸,不适当的信息处理为了避免压力的集中,忽略潜在的相关信息。因此,压力过度的雇员可能发生错误。③ Westman 和 Eden 以 306 名 19 岁以上的以色列国防军为样本,实证调查了他们在培训期间的压力与绩效关系是否呈倒 U 型。研究结果不支持倒 U 型,压力一直与不同类型的绩效呈负相关关系。④

三、工作压力与绩效关系的中介变量研究

姜乾金、黄丽、王守谦等对压力与应激反应的中介变量或调节变量进行了总结,认为认知评价、社会支持、个性、应对方式对压力与应激反应关系起中介作用。⑤ Kobasa 及其同事整合了以往众多存在心理学家的理论,包括 White 提出的"胜任"(competence),Allport 提出的"奋斗"(propriate striving),以及 Fromm 提出的"效果指向"(productive orientation),从而提出人格坚韧性(hardiness)的概念。自立人格特质作

---

① Scott, W. E.. Activation Theory and Task Design [J]. Organizational Behavior and Human Performance, 1966(1).
② 舒晓兵.管理人员的工作压力与工作效率研究[M].武汉:武汉大学出版社,2007:3.
③ James G. Miller. Information input Overload and Psychopathology [J]. American Journal of Psychiatry, 1960(8).
④ Westman, Mina. The Inverted-U Relationship between Stress and Performance: a Field Study[J]. Work and Stress, 1996(2).
⑤ 姜乾金,黄丽,王守谦,等.生活事件、情绪、应对与心身症状探讨[J].中国心理卫生杂志,1996(4).

为应激的中介变量来负向预测心身症状。[①] Bhagat 把能力作为调节变量,对压力的应激反应程度进行了实证研究,他认为当个体应对压力性事件时,个体的可觉察能力越强,个体感知的个人压力、组织压力和不同的生活压力越小;个体的能力越弱,个体感知的个人压力、组织压力和生活压力越大。[②] 但是,鲜见关于公务员的工作压力与绩效的关系研究的相关文献。

综上所述,目前的国内外研究文献主要关注于公务员的工作压力与心理及生理疾病的关系、公务员的工作压力源、胜任力的构成要素等,对于它们之间的关系研究还没有更多的成果,尤其是对青年公务员的工作压力源、胜任力及对工作绩效的系统实证研究还是空白。所以,本书的研究可以把心理学、公共管理学以及人力资源管理相关理论紧密结合,以青年公务员为样本,系统地对他们的工作压力源、胜任力以及工作绩效之间的相互关系进行实证研究。

第四节 本书的理论框架

一、本书研究的概念界定

(一) 公务员工作压力概念界定

西方学者对压力研究已相当成熟,关于工作压力的概念汗牛充栋。19 世纪,压力作为一个医学概念出现在医学著作中;20 世纪 20 年代,学者们开始对压力进行系统的研究。Selye 提出了著名的定义,即压力是对

---

① 夏凌翔.自立人格与心身症状:特质—应激—症状相符中介模型的检验[J].心理学报,2011(6).

② Rabi S. Bhagat, Stephen M. Allie. Organizational Stress, Personal Life Stress, and Symptoms of Life Strains: an Examination of the Moderating Role of Sense of Competence[J]. Journal of Vocational Behavior,1989(3).

施加于身体上的任何需求的非特异性的反应。① 从1960年开始,学者们普遍认为压力成为人性条件中不可避免的方面,不同人在应对压力时的适应性结果有很大的差异性。在心理压力和应对过程中强调从压力本身转向应对。1966年,Lazarus认为压力应被当作组织层次的概念去解释在广泛意义上对于动物和人适应性的重要性。②

什么样的环境事件被称为压力刺激,或Selye称之的压力源?Lazarus和Cohen认为有三种类型:影响一大批人的变化,如灾难;影响一批或一个人的变化;日常的争辩。虽然特定的环境需求和产生的压力在特定的人群、个体和团队之中有差异性,但是他们的反应程序是不一样的。对于特定类型的事件,人们和群体对于其脆弱性和敏感性具有反应的差异性,正如他们对事件的解释和反应是不一样的。为了理解个体差异性,在可比较条件下,我们必须考虑认知流程,因为认知干涉了情况(encounter)和回应,成为这种天然中介的影响因素。

Lazarus强调职业压力是个体对环境的知觉,又称为"认知评价",即个体的反应取决于对环境评估是否具有压力,评估结果可能是有害的、恶心的或具有挑战性的。Appley用"威胁觉察"来界定个体的评估过程。Lazarus和Folkman对压力作了进一步总结,压力是个人和环境之间的特殊关系,这种关系被个人评价为疲劳的,或超越了他或她的心理资源,并危及他或她的健康。③ Ivancevich等认为压力不是个人或环境的单个特征,而是个体与环境的交互作用。压力可以视为人—环境不匹配的后果。④ Walt总结了以上经典定义后认为,压力是个体生理和心理上的唤醒,这种唤醒是由施加于它们的需求所导致的。⑤

---

① Hans Selye. A Syndrome Produced by Diverse Nocuous Agents[J]. Nature, 1936(3479).

② Richard S. Lazarus. Psychological Stress and the Coping Process[M]. New York: McGraw-Hill, 1966.

③ Richard S. Lazarus, Susan Folkman. Stress, Appraisal, and Coping[M]. New York: Springer, 1984.

④ J.M. Ivancevich, M.T. Matteson, S.M. Freedman, et al.. Worksite Stress Management Interventions[J]. American Psychologist, 1990(2).

⑤ [美]沃特·谢弗尔.压力管理心理学[M].方双虎,等译.北京:中国人民大学出版社, 2010:6.

刘玉新对西方学者有关工作压力的几种观点进行了归纳，分为刺激式、反应式和交互式。从刺激视角来讲，工作压力是作用于个体的工作环境中的刺激或力量，这种观点主要关注工作压力刺激的实质和工作压力的来源。例如，Lazarus 和 Launier 强调工作压力的来源，认为工作压力是指工作要求超出正常适应性反应的任何状况。还有些学者从反应的视角来揭示工作压力的内涵，Ivancevich 和 Matteson 认为，工作压力是一种对外部情境或事件的适应性反应，受个体差异及心理过程的调节。Summers 等人强调，工作压力导致了组织成员的生理、心理和行为上的变化。从交互视角来看，工作压力是工作环境与个体特征之间相互作用的结果，是形成个体生理、心理及行为反应的过程。Beehr 和 Newman 认为，工作压力是由人与其工作相互作用产生的一种情形，以人的内部变化为特征，这种变化导致人们的心理偏离了正常功能状态。① 学者们一致认为压力概念包括五个方面的含义：① 压力源，引起压力的各种事件或情境；② 压力应对，个体在面对压力情境时所采取的应对策略；③ 应对资源，即影响个体压力应对的个人资源和环境资源；④ 压力反应，个体在面对压力事件或情境时所产生的生理、心理和行为变化；⑤ 压力结果，压力对个体产生的持久性影响和结果。在外界环境事件的影响下，人是居于统治地位的主角，整个互动的过程是连续而非独立的，当个人认为该事件非自己能力所及或危及自己的健康时，压力就会产生。所以，压力是"压力源"与"压力反应方式"的互动结合。②

压力源会引起个体主观上的压力感，所以压力的概念包含了压力源和压力感。本书主要就青年公务员的压力源进行研究。笔者认为，公务员工作压力源是指公务员在工作过程中由于某些情境或事件被公务员评价为威胁的、有害的或挑战的，超出了公务员个体的能力和资源，抑制了个体的心理需求，引起公务员个体的生理和心理唤醒，并引起其生理、心理和行为的变化的一系列来源。

---

① 刘玉新.工作压力与生活[M].北京：中国社会科学出版社，2010：5.
② 时雨，刘聪，刘晓倩，等.工作压力的研究概况[J].经济与管理研究，2009(4).

(二)公务员胜任力概念界定

胜任力概念的创始人 McClelland 认为,应该用管理胜任力指标来代替传统的智力测验,因为它能预测工作绩效。胜任力是能区分在特定工作岗位、角色或者情境中绩效水平的个人潜在的特性。时勘认为,胜任特征是能把某职位中表现优异者和表现平平者区别开来的个体潜在的、较为持久的行为特征。王重鸣认为,胜任力特征即管理胜任力,是导致高管理绩效的知识、技能、能力以及价值观、个性、动机等特征。① 彭剑锋认为,胜任力是驱动一个人产生优秀绩效的个性特征的集合,它反映的是可以通过不同方式表现出来的个人的知识、技能、个性和内驱力等,是判断一个人能否胜任某项工作的起点,是决定并区别绩效差异的个人特征。② 赵曙明认为,胜任力是个人所具有的,对工作绩效有显著贡献的一系列特质。③ 萧鸣政认为,胜任力是指在特定工作岗位、组织环境和文化氛围中高绩效者所具备的可以测量与开发的个体特征,它们能够将高绩效者和一般绩效者区分开来,其中有潜在的个体特征,也有外显的个体特征。④ 胡冰从政府人事管理的视角出发,认为胜任力是指一定单位组织中比较绩优者身上表现出来的知识、技能、能力和心理素质、价值观以及对工作的认知态度等方面,也就是一个人在一定组织环境和文化氛围中,在特定工作岗位上能够很好地适应工作需要,并在工作中充分调动潜能而使绩效最大化的综合素质和工作能力。⑤

本书认为胜任力是以绩效为效度,在工作中体现出绩效优秀的个体特征,这些个体特征包括知识、技能、能力、价值观等显性或隐性的行为及人格特征。但是公务员胜任力不同于企业员工胜任力,公务员从事公共服务的职业特点决定了在公务员胜任力的人格特征和显性的行为特征中要突显以公共服务为核心,故对公务员体现公共精神的职业价值观提出了最高的要求。所以,公务员胜任力是指公务员在政府工作过程中体现

---

① 王重鸣,陈民科.管理胜任力特征分析:结构方程模型检验[J].心理科学杂志,2002(5).
② 彭剑锋.人力资源管理概论[M].上海:复旦大学出版社,2003;35.
③ 赵曙明,杜娟.企业经营者胜任力及测评理论研究[J].外国经济与管理,2007(1).
④ 萧鸣政.人员素质测评理论与方法[M].北京:北京大学出版社,2011;30—36.
⑤ 胡冰.胜任力管理:公共部门人事管理改革的新视角[J].中国行政管理,2011(4).

出来的,能廉洁高效地为群众或服务对象提供优质服务的,令民众或服务对象满意的、同事认可的绩效表现中体现出来的人格特质与行为特征。

(三) 公务员绩效概念界定

公共管理学界主要是对组织层次上的绩效管理、绩效评估或绩效考核进行研究,目前国内对于公务员个体层次上的绩效进行的实证研究还很不足,在工作实践中,有些政府部门对部门的考核已经逐步量化,对于公务员个体的考核主要体现为公务员的考核等级,即优秀、合格、基本合格和不合格。

根据 Campbell 等人的观点,工作绩效是指个体能够控制的,对组织目标的实现有贡献的那些表现与行为,在特定时间范围,在特定工作职能、活动或行为上产出的结果记录。① 公务员任务绩效是指在公务员的岗位职责中有明确规定,以完成工作任务为主要内核,并对政府部门的绩效有直接贡献的角色内行为。任务绩效也是和个体的能力、完成任务的熟练程度和工作知识密切相关的绩效。情境绩效在绩效评估研究中受到越来越多的关注,甚至超过了对任务绩效的研究。② 这一趋势与政府所处环境的不断变化是密不可分的。在政府机关的工作过程中,员工不能只按严格的职务分析说明书所规定的任务而工作,而是需要更多的合作与相互支持。对于团队的管理者而言,也很难仅从工作绩效的任务方面来评价员工的全部贡献。③ 情境绩效概念的引入扩展了工作绩效的范围,反映了工作活动中员工与他人的互动协调,反映了员工的活动超出工作说明书的那些内容。公务员关系绩效是指公务员在工作过程中表现出来的对达成职责任务,以及对组织运行有影响的支持性工作因素,是一种心理和社会关系的人际和意志行为,主要表现为具有责任心、自觉遵守纪律、团队协作、善于沟通等角色外行为。这些行为营造了一个良好的心理

---

① John P. Campbell, Jeffrey J. Mchenry, Lauress L. Wise. Modeling Job Performance in a Population of Jobs[J]. Personnel Psychology,1990(2).

② 王辉,李晓轩,罗胜强.任务绩效与情境绩效二因素绩效模型的验证[J].中国管理科学,2003(8).

③ J.M. Conway. Distinguishing Contextual Performance from Task Performance for Mangagerial Jobs[J]. Journal of Applied Psychology,1999(1).

和组织氛围,从而有利于政府整体的任务与目标的达成。

二、本书研究的理论框架与预测

(一)理论框架

我国青年公务员处于国家全面深化改革、政治经济形态转型的特殊时期,公务员的角色规范、定位调整给青年公务员群体心理带来了压力,这种压力延伸到工作情境中表现为工作压力,工作压力引起青年公务员生理、心理的系列反应并影响到青年公务员的行为,在工作中其行为的结果通常称为绩效。根据前人的研究成果,工作压力源的不同值阈对绩效会产生积极或消极的影响。当青年公务员的工作压力源对工作绩效产生负面影响时,会导致青年公务员职业倦怠、抑郁、焦虑等不良情绪反应。胜任力是区别工作绩效优秀与绩效一般的关键能力,当青年公务员工作压力源对工作绩效产生负面影响时,拥有强能力的青年公务员是否可以缓解工作压力源对工作绩效的负面影响?本书试图通过实证研究探讨青年公务员工作压力源对工作绩效的影响曲线,并进一步引入胜任力变量,探讨胜任力对工作压力源与工作绩效的调节作用,以对政府人力资源管理机制提供数据参考(见图1)。

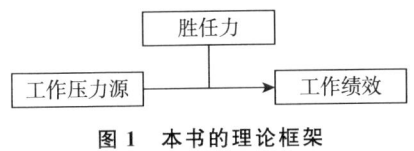

图1　本书的理论框架

(二)理性预测

1. 青年公务员工作压力现状

青年公务员正处于职业生涯的发展阶段,经过几年的职业探索后,寻求职位晋升成为许多公务员的诉求。尽管我国政府部门逐步重视对青年干部的培养,但是由于政府部门职位体系的特殊性,晋升职位越往上越少,使得总是有些青年公务员在寻求职业发展的道路上障碍重重,所以青年公务员的职业发展压力较大。青年公务员大多职位不高,处于执行层,除了常规工作外,工作量的多少还根据领导的指令和上级主管部门领导的指令而定,工作自由度较小,岗位分工往往不明确,能干事的青年公务员承担着越来越多的工作,就像访谈时有位青年公务员抱怨说:我们部门在工资待遇一样的情况下,有些人很忙,有些人很闲。所以,青年公务员的工作任务压力较大。政府部门内部关系错综复杂,单位内部不同领导与下属的亲疏关系让青年公务员不知所措,再加上晋升等稀缺机会分配时可能存在的一些不公正的操作行为,让青年公务员工作期间不敢过多地透露自己的真实感受与想法,同事之间的相处也保持一定的安全距离,人际关系成为青年公务员的另一个压力源。更深层次分析,与年龄较大的公务员相比,青年公务员一般职务较低或没有职务,拥有的公共权力较少,又正处于婚育的年龄阶段,生活压力较大。因此,生活压力成为青年公务员的又一个压力源。

2. 青年公务员工作压力对绩效的影响

根据前人的研究,工作压力与工作绩效之间可以呈倒 U 型曲线关系、正相关关系、负相关关系,前人的研究成果虽然没有涉足青年公务员群体,但是却揭示了工作压力对绩效影响的一般规律。青年公务员是一个特殊群体,他们是政府公务员队伍中的生力军,一般从事着操作性和具体性的工作,并承载着政府内外环境所产生的并层层传导到他们身上的压力。根据 Yerkes-Dodson 法则,当压力处于较低水平时,生理与心理机能都未被唤醒或激活,工作绩效也会处于较低水平;当压力过大时,青年公务员长期处于应激状态,会产生负面情绪,影响工作绩效水平;只有当工作压力处于正常值阈,随着压力的增大,工作绩效才会不断提升。事实上,青年公务员在工作过程中需要有一些工作压力,适度的工作压力让青年公务员感觉到工作的挑战性,激发他们挑战自我、学习新知识、提高专业技术能力的激情,并在完成任务或克服压力的过程中得到主观的满足感。主观感知的工作压力源过小,会让青年公务员没有前进的动力;压力源过大,又会造成焦虑、抑郁的不良情绪并传递到行为上,影响工作质量。因此,本书提出青年公务员工作压力源与工作绩效呈倒 U 型曲线关系的假设。

3. 青年公务员胜任力对工作压力与绩效关系的调节作用

Bhagat 以 276 名教师为样本,发现能力对工作压力源与绩效关系没有调节作用。国外学者没有对青年公务员的能力对工作压力源与绩效关系的调节作用进行过研究。当前,随着我国公务员考录制度的推行,青年公务员经过层层选拔进入公务员系统,其中不乏能力强的优秀人才,当面对同样强度的工作压力时,能力强的公务员体现出较强的学习能力、心理调适能力和环境适应能力,这些强能力帮助公务员有效应对工作压力,并缓解过高工作压力对个体心理和生理上带来的不良影响,以及其对工作绩效的影响。所以,本书认为青年公务员胜任力可以调节工作压力源与绩效的关系,假设工作压力与绩效关系呈倒 U 型,那么强能力会让工作压力源与绩效关系曲线变得更加平缓,尤其会减缓较强工作压力源对绩效的影响。

第三章 研究量表编制与测量

第二章提出了研究概念与研究模型,本章将对研究方法的设计及问卷的编制与检测作出分析,为后续的实证研究进行技术上的支撑。

第一节 基于实证精神的研究方法

许多政治学家认为,对政府制度和政治运动的研究缺乏像物理学与化学那样真正科学的严谨性与精确性。为了改变这种状况,政治学研究应以逻辑实证主义的世界观为基础,引入实证的科学研究方法,假定在特定情境下人类行为的内在规律就像物理运动一样,能够通过客观仔细地研究其外显行为来确定,科学理论可以合乎逻辑地从这种实证研究中产生,并采用一种规范的科学研究方式来保证其客观性:第一,提出问题;第二,根据相关变量之间的关系提出假设;第三,通过制订、执行研究计划来检验这些关系;第四,使研究成果成为整个学科领域理论体系的一部分。实证主义的创始人孔德认为,"实证"一词的精髓在于四个核心,即真实,与虚幻相反;有用,与无用对比;肯定,与犹疑对立;精确,以对照模糊。"在实证精神最初的发展阶段,它必然处处注意它能够接触到的随便任何问题,而不去探求这些问题因其与整体的固有关系而最终形成的重要性。这个整体当初是不可能被发现的。但这种暂时的本能,一旦实证状态达到完全成熟、足可以始终掌握每一部分与整体的真正本质关系的时候,就终于会习惯地服从于正确的系统判断,从而为高深的研究始终赋予广泛的使命,而同时避免任何幼稚的思辩。"①

本书涉足的概念及研究内容还处于探求整体与部分的关系阶段,将努力在理性预测与现实之间建立合乎逻辑的和谐,赢得与现象的性质相协调并符合我们真正需要的精确度。所以,本书将采用实证研究的方法。为了最大限度地剔除命题的主观性,建立事实命题,本书将借助一些量化的研究方法来达成此目标。

一、量表的信度和效度检测

本书将对青年公务员工作压力、能力和工作绩效量表进行编制和测量,通过探索性因子分析与验证性因子分析,对量表的信度和效度进行检测,建立量表的维度结构。探索性因子分析(Exploratory Factor Analysis,EFA)是一项用来找出多元观测变量的本质结构并进行处理降维的技术。因子分析的核心是用较少的互相独立的因子反映原有变量的绝大部分信息,因子分析产生的因子能够通过各种方式最终获得命名解释性。验证性因子分析是对因子间相关效应进行检测的过程,它可以帮助我们了解问卷中各题目与维度的从属关系是否正确。

二、调节作用的检测

如果变量 Y 与变量 X 的关系是变量 M 的函数,称 M 为调节变量。也就是说,Y 与 X 的关系受到第三个变量 M 的影响。本书拟把能力作为调节变量,检测能力对青年公务员工作压力与绩效关系的调节作用。假设青年公务员工作压力源为 X,工作绩效为 Y,能力为 M,具体的调节模型公式为:

$$Y = aX + bM + cXM + e$$

调节效应的分析主要是估计和检验 c。如果 c 显著(即 $H0:c=0$ 的假设被拒绝),说明 M 的调节效应显著,c 其实代表了 X 与 M 的交互效应,所以这里的调节效应就是交互效应。在这里,调节效应与交互效应从统计分析的角度看是一致的。

---

① [法]奥古斯特·孔德.论实证精神[M].黄建华,译.北京:商务印书馆,1996:33.

三、数据的采集和初步整理

本书搜集数据的主要方法是问卷调查。研究结果要具有一定的科学性和代表性,如何获取调查数据是十分重要的。

(一)调查对象的确定

选取调查对象,首先要规定研究总体。所谓研究总体,是指课题研究对象的全体。在本书中,研究对象的总体是国内所有的青年公务员。因条件限制,不可能获取来自全国的青年公务员样本,故本书将调查样本的重点放在江苏省的青年公务员群体上。

(二)调查数据的采集

1. 问卷题项的初步调查

对48名青年公务员(男性29名,女性19名)进行深度访谈,访谈对象分布在江苏省南京、泰州、苏州、连云港等四个城市的政府机关,请青年公务员开放式地描述他们的压力事件,并对访谈内容进行编码,在48名青年公务员的访谈内容中,出现频率较高的词有"领导""晋升""工资不够花""人际关系复杂""太忙"等。根据访谈的词汇编码,初步编制了32个题项,问卷采用Likert 5点评分,为了避免被试的反应定势,3个题项采用反向计分。

本书在原国家人事部于2003年下发的《国家公务员通用能力标准框架(试行)》中提出的中国公务员9项通用能力的基础上,结合中国人事科学研究院梁玉萍提出的18种能力,对访谈对象进行了行为事件访谈法,让青年公务员描述出决定工作绩效优秀的能力,从中遴选出综合能力,编制青年公务员能力量表。共考察青年公务员19项综合能力,分别是政治鉴别能力、依法行政能力、公共服务能力、调查研究能力、学习能力、沟通协调能力、创新能力、应对突发事件能力、心理调适能力、决策能力、综合分析能力、文字表达能力、全局把握能力、执行能力、计划统筹能力、自我认知能力、团队协作能力、处理变革能力、密切联系群众能力。因为发放的样本量较大,样本量跨行业跨地区,不能针对某个行业某个部门进行专业能力范围界定,只能对青年公务员样本的综合能力进行测量。

本书的工作绩效量表借鉴了 Borman 和 Motowidlo 的工作绩效量表,并根据我国颁布的公务员法,对量表进行了修改,共 24 个题项,其中反向计分题 2 个题项。

2. 问卷测试及修改

对 6 名来自南京市不同政府部门的青年公务员(男性 3 名、女性 3 名)及直接上级进行试测量,请他们提出问卷题项与青年公务员实际情况不符合的地方,以及部分题项因语句不明确而可能产生歧义的地方。根据试测量结果对问卷进行修改。

3. 问卷正式测量

调查问卷分为 A、B 两卷,其中 A 卷即青年公务员工作压力、能力及样本基本信息,B 卷则是工作绩效和能力;A 卷由青年公务员填写,B 卷由青年公务员的直接上级填写。因为问卷需配对,所以提前在问卷背面编号,A 卷与 B 卷配对后为一套问卷。整个问卷调查工作共发放问卷 1 500 套,回收问卷 1 184 套,回收率为 78.9%,剔除因填答错误或缺失原因导致的无效问卷 116 套以外,共获得有效问卷 1 068 套进入最后的数据分析,有效问卷的回收率为 71.2%。在本书中,工作压力、能力和工作绩效问卷分为 1—5 评价刻度,工作压力源问卷和工作绩效问卷中 1 表示"完全不符合",2 表示"比较不符合",3 表示"一般",4 表示"比较符合",5 表示"完全符合";能力问卷中 1 表示"不胜任",2 表示"不太胜任",3 表示"比较胜任",4 表示"胜任",5 表示"非常胜任"。此次调查问卷分布于江苏省省级机关及 12 个县市,基本分布情况如表 2 所示。

表 2 样本地区分布及其占总数百分比

县市名称	样本数	占样本总数百分比(%)
省级机关	187	17.5
南京	79	7.4
连云港	59	5.5

续表

县市名称	样本数	占样本总数百分比(%)
徐州	89	8.3
宿迁	97	9.1
淮安	97	9.1
盐城	56	5.2
泰州	57	5.3
扬州	96	9.0
镇江	60	5.6
南通	32	3.0
常州	64	6.0
无锡	95	9.0
合计	1 068	100.0

本次调查对样本的性别、年龄、婚姻、学历、工作年限、职级、所在政府机关层级、青年公务员之前是否有工作经验等人口统计学特征进行了调查,具体情况如表3所示。

表3 调查对象的人口统计学特征

类型		人数	比例(%)
性别	男性	636	60.0
	女性	430	39.7
年龄	30岁以下	569	53.3
	30—40岁	499	46.7
婚姻	已婚	723	67.7
	未婚	345	32.3
文化程度	大专	41	3.8
	本科	854	80.0

续表

类型		人数	比例（%）
	硕士	172	16.1
	博士	1	0.1
工作年限	5年及以下	902	81.5
	6－10年	131	12.3
	11－15年	30	2.8
职级	处级	4	0.4
	副处级	7	0.7
	科级	44	4.1
	副科级	135	12.6
	一般工作人员	878	82.2
所在政府机关层级	省级	160	15.0
	市级	305	28.6
	区县	468	43.8
	乡镇街道	135	12.6
入职公务员之前是	应届大学生	463	43.4
	村干部	40	3.7
	公司职员	300	28.1
	其他	264	24.7
青年公务员职位分类	A类	497	46.5
	B类	382	35.8
	C类	188	17.6

(三)调查数据的整理

本项研究对回收的问卷进行了整理,并将调查数据录入计算机内,建立各类数据文件,供进一步分析时使用。调查数据的整理包含以下几个方面。

1. 数据审核

对原始调查答卷进行审核,将作答不完整和数据明显存在问题(如所有条目都选同一等级,或不管正反向条目都选相同等级,或选答前后矛盾等)的答卷剔除。

2. 数据录入

对审核后符合要求的答卷进行数据录入,并分别建立各类数据文件。由于制定调查问卷时,为了防止被调查的公务员在答卷时敷衍应付,增加答卷的可信度,问卷中的部分条目具有反向性,因此本项研究还对数据文件中具有反向性的数据进行了方向性调整。反向性数据调整的方法是:最高取值-当前取值+1=调整后的数值。

第二节 青年公务员工作压力源量表编制

一、工作压力源量表的探索性因子分析

本书用 SPSS13.0 软件对量表进行探索性因子分析,采用主成分分析法,问卷的 KMO 测度值为 0.932,总体 Bartlett 球形检验 x^2 值为 12 334.953($df=435, p<0.01$),观察题项的反映像相关矩阵,对角线的 MSA 均大于 0.7,说明变量的相关性较强,并且 32 个条目均在 0.01 水平上显著相关,因此满足因子分析的条件。经过方差最大法旋转,共析出 5 个公因子,删掉因子载荷小于 0.3 的 2 个题项,共 30 个题项分布于 5 个公因子。因子 1 包括 6 个条目,包括"我缺乏合适的晋升机会""如果我想升职,只有另谋高就了",等等,这些压力源来自职业发展前景的压力,所

以该因素命名为职业发展前景。因子2包括8个条目,题项有"领导对我工作质量的要求过高","我工作任务的复杂程度好像越来越高了",等等,这些压力源来自领导交办的任务、任务量多少等,所以该因素命名为工作任务。因子3包括6个条目,包括"我不清楚我的工作职责和目标","我做着一些可有可无的工作任务",等等,这些压力都源于对角色的认知程度,所以该因素命名为角色模糊。因子4包括6个题项,包括"我被夹在上级和同事之间左右为难","单位内部人员关系紧张",等等,这些压力源来自人际交往与沟通,所以称为人际关系。因子5包括4个题项,包括"每月拿到手的工资只够维系家庭基本生活开支,很少有结余","因工作性质我没时间照料家人",等等,这些压力源于家庭、收入等日常生活事件,所以命名为生活压力。五因子模型可累积解释总方差的52.29%,说明此量表具有较好的结构效度(分析结果见表4)。

表4 公务员工作压力源量表的探索性因子分析

	因子1	因子2	因子3	因子4	因子5
因子1:职业发展前景					
Q1	0.686				
Q2	0.669				
Q3	0.652				
Q4	0.616				
Q5	0.696				
Q6	0.649				
因子2:工作任务					
Q7		0.652			
Q8		0.612			
Q9		0.641			
Q10		0.625			
Q11		0.591			
Q12		0.748			

续表

	因子1	因子2	因子3	因子4	因子5
Q13		0.562			
Q14		0.672			
因子3:角色模糊					
Q15			0.757		
Q16			0.462		
Q17			0.734		
Q18			0.365		
Q19			0.516		
Q20			0.412		
因子4:人际关系					
Q21				0.505	
Q22				0.415	
Q23				0.584	
Q24				0.433	
Q25				0.440	
Q26				0.341	
因子5:生活压力					
Q27					0.832
Q28					0.711
Q29					0.399
Q30					0.809

注:主成分分析法,表中数字为Varimax旋转后因子负荷,已删除因子载荷小于0.3的题项。

二、工作压力源量表的验证性因子分析

1. 因子的结构模型验证

运用 LISREL8.70 对量表进行验证性因子分析,量表的五因子结构方程模型拟合中 NNFI、CFI 值较好,但是 RMSEA 值为 0.106,大于 0.08。一般认为,RMSEA 在 0.08(越小越好),NNFI 和 CFI 在 0.9 以上(越大越好),所拟合的模型是个"好"的模型。[①] 进一步研究发现,30 题项五因子结构方程模型的参数估计值中第 1 个因子的第 6 个问题的完全标准化负荷为 0.03,第 2 个因子的第 5 个问题的完全标准化系数为 0.13,第 3 个因子的第 3 个问题的完全标准化负荷为 0.24,第 5 个因子的第 4 个问题的完全标准化负荷为 0.11(见图 2)。根据意思,量表的第 6、11、17、30 题并不合适转移到其他因子中,所以在模型修正中,把这 4 个因子删除,量表变为 26 个题项。进一步对 26 题项量表进行结构方程模型拟合,经拟合,拟合指数说明模型拟合得相当好,NNFI 值为 0.95、CFI 值为 0.95,RMSEA 值为 0.072,小于 0.8(见图 3)。由表 2 可看出,模型 M_A(30 题项)的 $x^2/df=13.4$,模型 M_B(26 题项)的 $x^2/df=6.7$,M_B 小于 M_A,再加上拟合指数 M_B 小于 M_A,所以我们认为 M_B 为拟合较好模型,即 26 个题项的量表(见表 5)。

表 5 修正前后模型的拟合指数比较

模型	x^2	df	RMSEA	NNFI	CFI	注
M_A	5 295.02	395	0.106	0.90	0.91	30 个题项
M_B	1 963.31	289	0.072	0.95	0.95	26 个题项,删去第 6、11、17、30 题

[①] 侯杰泰,温忠麟,成子娟.结构方程模型及其应用[M].北京:教育科学出版社,2004:49.

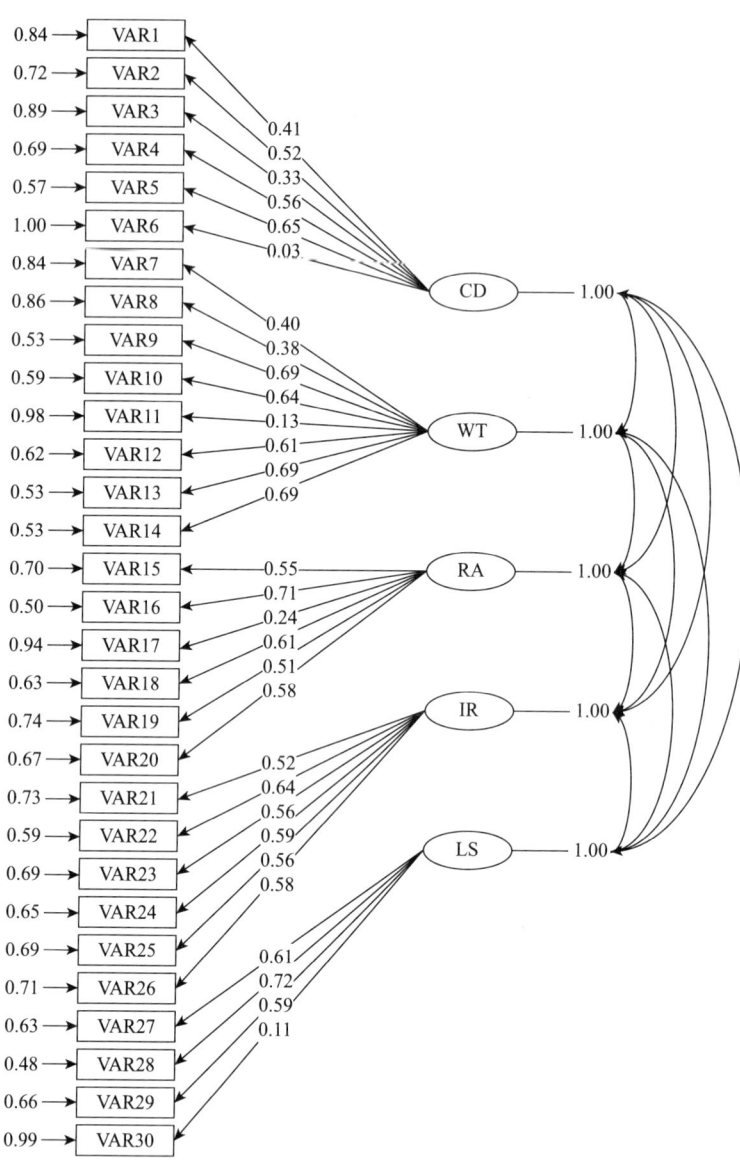

Quare=5 295.02, *df* =395, P-value=0.000 00, RMSEA=0.106

注:CD 表示职业发展前景,WT 表示工作任务,RA 表示角色模糊,IP 表示人际关系,LS 表示生活压力。

图 2　30 题项的五因子结构方程模型拟合

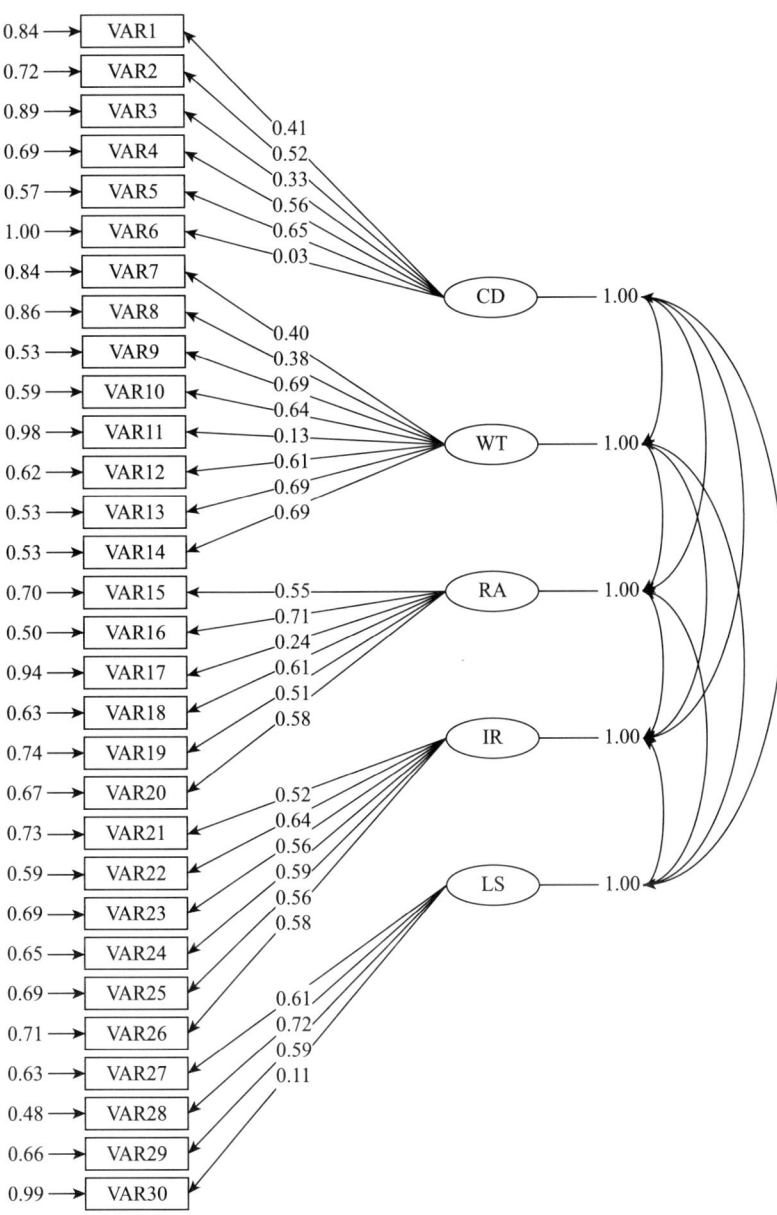

Chi-Square=5 295.02, *df*=395, P-value=0.000 00, RMSEA=0.106

图 3　26 题项的五因子结构方程模型拟合

2. 信度检验

信度分析主要对量表的有效性进行研究,经 SPSS 检测发现,26 题项量表的五因子的克朗巴哈 α 系数分别为 0.71、0.81、0.63、0.70、0.56,该量表具有较好的信度。

三、分析结论

经过探测性因子分析和验证性因子分析,青年公务员工作压力源量表分为五个公因子,分别是职业发展前景、工作任务、角色模糊、人际关系和生活压力,共有 26 个条目,具体分布见表 6。

表6 中国情境下公务员工作压力源量表

职业发展前景	工作任务	角色模糊	人际关系	生活压力
我感到我的晋升机会很少	我得加班才能完成领导交办的工作	我做的工作与我的岗位职责不一致	我被夹在同事之间左右为难	物价、房价让我感觉压力很大
只有找到靠山,我才有升职的希望	领导对我工作质量的要求过高	我做着一些可有可无的事情	单位内部人员关系紧张,尤其在单位出现职务空缺时	工作性质使得我不能尽到照顾家庭的责任
留在目前这个单位,我感到在浪费我的时间	领导交给我的工作任务难度大	我不清楚单位对我的岗位安排	我在工作中做的事情被某些人认可,另一些人并不认可	每月拿到手的工资只够维系家庭基本生活开支,很少有结余
我担心因我的专业知识陈旧而被淘汰	我需要同时做多项工作任务	我不太了解我的工作和我的岗位职责之间的关系	我感到与同事沟通不畅	
单位缺乏清晰的青年公务员职业规划体系	工作任务繁重,我需要超负荷工作	我要做其他同事职责范围内的事情	处室(科室)间沟通不畅	

续表

职业发展前景	工作任务	角色模糊	人际关系	生活压力
	面对现在的工作任务,我感到力不从心		我在工作中遇到困难时很少得到同事的帮助	
	我感到我的休息时间很少			

第三节 青年公务员通用能力量表和工作绩效量表测量

一、青年公务员通用胜任力数据测量结果

A卷青年公务员和B卷青年公务员直接上级的分值各占50%的权重,对此进行数据统计分析。由表可以看出,经过青年公务员及其直接上级打分,青年公务员能力均值排序前五位的分别是政治鉴别能力、依法行政能力、公共服务能力、学习能力和执行能力,这五种能力被界定为本书研究的强能力,即青年公务员综合能力方面的胜任力(见表7)。

表7 公务员能力描述性统计(N=1 068)

能力	均值	标准差
政治鉴别能力	4.243	0.567
依法行政能力	4.266	0.524
公共服务能力	4.215	0.526
调查研究能力	3.949	0.580
学习能力	4.263	0.521
沟通协调能力	4.075	0.565
创新能力	3.784	0.611

续表

能力	均值	标准差
应对突发事件能力	3.829	0.627
心理调适能力	4.094	0.576
决策能力	3.764	0.630
综合分析能力	4.027	0.551
文字表达能力	4.037	0.558
全局把握能力	3.811	0.628
执行能力	4.276	0.533
计划统筹能力	4.035	0.553
自我认知能力	4.203	0.524
团队协作能力	4.127	0.557
处理变革能力	3.849	0.599
密切联系群众能力	4.176	0.554

二、工作绩效量表测量

(一)工作绩效量表的探索性因子分析

1. 量表的探索性因子分析

本书用SPSS13.0软件对量表进行探索性因子分析,采用主成分分析法,问卷的KMO测度值为0.977,总体Bartlett球形检验x^2值为17 446.054($df=276, p<0.01$),观察题项的反映像相关矩阵,对角线的MSA均大于0.5,说明变量的相关性较强,并且24个条目均在0.01水平上显著相关,因此满足因子分析的条件。经过方差最大法旋转,共析出2个公因子,删掉因子载荷小于0.3的1个题项,共23个题项分布于2个公因子(分析结果见表8)。

表8 公务员工作绩效量表的探索性因子分析

	因子1	因子2
因子1:任务绩效		
称职地完成所交给的任务	0.837	
能履行工作所需的工作职责	0.777	
完成工作职责范围内的内容	0.387	
对所承诺的事件能不折不扣地完成	0.740	
自觉履行各种合同或承诺,不因某个原因随意践约	0.700	
敢于寻找有挑战性的任务	0.437	
能完成基本的工作任务(R)	0.752	
从不会忽略必须完成工作的任何一个方面	0.527	
对因争取单位或部门更大的利益而有意贬低同行单位形象的现象十分气愤	0.621	
因子2:关系绩效		
即使领导不在也遵守命令		0.809
愿意与同事合作		0.812
坚持克服困难,完成任务		0.823
展示正确的公务员面貌和行为		0.408
愿意承担额外责任		0.704
遵循正确程序,避免未经认可的捷径		0.739
自愿帮助他人完成他人的工作		0.766
密切关注重要的细节		0.368
维护领导的威信		0.820
表现正确的公务员礼节		0.799
支持和鼓励同事解决问题		0.792
主动解决工作问题		0.760
培养个人自制和自控能力		0.804
自愿超出要求多工作,帮助他人或为单位做贡献		0.711

(二)工作绩效量表的验证性因子分析

运用结构方程模型进一步对公务员工作绩效量表进行验证性因子分析,量表的二因子结构方程模型拟合 RMSEA 值为 0.072,小于 0.08,NNFI 值为 0.98,CFI 值为 0.98,都在 0.9 以上(越大越好),所拟合的模型是个"好"的模型(见图4)。

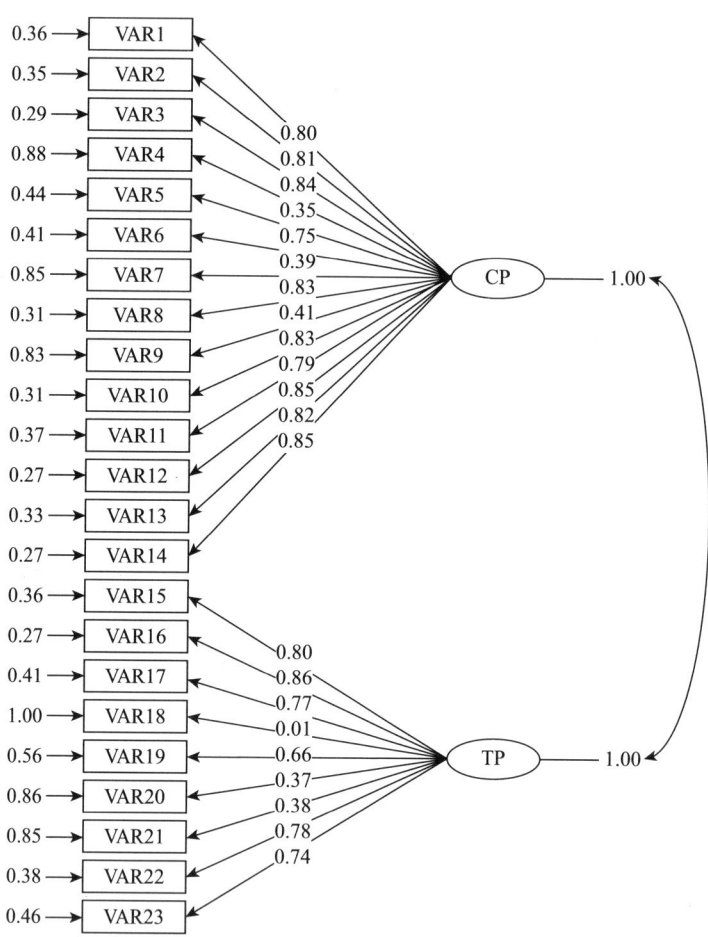

Chi-Square=1 559.32, *df*=229, P-value=0.000 00, RMSEA=0.072

图 4 工作绩效量表验证性因子分析图

第四章 青年公务员工作压力源与绩效关系:以胜任力为调节变量

在界定概念、提出理论模型以及编制问卷、收集数据的基础上,本章将对我国青年公务员的工作压力源、胜任力及工作绩效以及各个变量的人口统计变量进行统计分析,在此基础上,对青年公务员工作压力源对绩效影响、胜任力对工作压力源与绩效的调节作用进行研究。

第一节 我国青年公务员工作压力源现状

一、我国青年公务员工作压力源排序

本书把我国青年公务员工作压力源分为五个方面,分别是职业发展前景压力源、工作任务压力源、角色模糊压力源、人际关系压力源和生活压力源。由表9可以看出,在青年公务员的工作压力源中,生活压力源最大(M=3.551),职业发展前景压力源排第二(M=2.809),第三是人际关系压力源(M=2.653),最小的是角色模糊压力源(M=2.408)。

表9 工作压力源的五个维度的描述性统计(N=1 068)

工作压力源	均值	标准差
职业发展前景	2.809	1.212
工作任务	2.416	0.959
角色模糊	2.408	0.996

续表

工作压力源	均值	标准差
人际关系	2.653	0.952
生活压力	3.551	1.345

二、工作压力源的人口统计变量分析

1. 性别对青年公务员工作压力源的影响

由表10可以看出,男性与女性公务员的工作压力源中,两总体的工作任务压力源($F=12.591, p<0.01$)、生活压力源($F=10.239, p<0.01$)的方差有显著差异,再看 t 值,两总体的职业发展前景压力源($t=2.440, p<0.05$)、工作任务压力源($t=5.545, p<0.01$)、生活压力源($t=6.070, p<0.01$)的平均值有显著差异。男性的职业发展前景压力源、工作任务压力源和生活压力源都显著高于女性。

表10 青年公务员工作压力源性别差异性比较

工作压力源	性别	N	均值	标准差	F	t
职业发展前景	男性	636	2.875	1.208	0.399	2.440*
	女性	430	2.695	1.196		
工作任务	男性	636	2.538	1.002	12.591**	5.545**
	女性	430	2.227	0.853		
角色模糊	男性	636	2.426	1.030	3.697	1.064
	女性	430	2.362	0.897		
人际关系	男性	636	2.661	0.983	3.109	0.420
	女性	430	2.637	0.904		
生活压力	男性	636	3.743	1.396	10.239**	6.070**
	女性	430	3.263	1.214		

注:* 表示 $p<0.05$,** 表示 $p<0.01$,下同。

2. 学历对青年公务员工作压力源的影响

由表11可以看出,对学历进行单因素方差分析,五个模型的F值都不显著,即可认为公务员工作压力源在学历层次上没有显著差异,即学历差异性对青年公务员工作压力源没有影响。

表11 公务员工作压力源学历差异性比较

工作压力源	学历	N	M	SD	F	p
职业发展前景	大专	41	2.691	1.174	0.319	0.865
	本科	854	2.814	1.215		
	硕士	172	2.870	1.216		
	博士	1	3.696			
工作任务	大专	41	2.309	0.961	1.042	0.384
	本科	854	2.424	0.956		
	硕士	172	2.396	0.973		
	博士	1	2.819			
角色模糊	大专	41	2.258	0.811	1.065	0.372
	本科	854	2.412	1.019		
	硕士	172	2.428	0.923		
	博士	1	3.959			
人际关系	大专	41	2.449 4	0.830	1.455	0.214
	本科	854	2.661	0.976		
	硕士	172	2.671	0.847		
	博士	1	4.039 2			
生活压力	大专	41	3.434 7	1.314	0.267	0.899
	本科	854	3.568 1	1.360		
	硕士	172	3.499	1.286		
	博士	1	3.904			

3. 政府机关层级对青年公务员工作压力源的影响

青年公务员职级对工作压力源有显著影响（F＝3.405，$p<0.05$），科级青年公务员工作压力源最显著（M＝3.896）（见表12）。工作年限、行政职级对工作压力源影响不显著。

表12 青年公务员工作压力源行政职级差异性比较（N＝1 068）

工作压力源	职级	N	均值	标准差	F	p
工作任务压力	处级	11	3.703	1.402	3.405	0.017
	正科级	179	3.896	1.232		
	一般干部	878	3.470	1.351		

三、结论与讨论

青年公务员一般在各个单位都是各项工作的实际操办者，既有上级领导给予的压力，也有在实际工作中面临各种问题的压力，这些都可能成为工作压力源。青年公务员的工作压力源中，生活压力源最大（M＝3.551），职业发展前景压力源排第二（M＝2.809），第三是人际关系压力源（M＝2.653），最小的是角色模糊压力源。

青年公务员的生活压力源最大与前人的研究成果部分一致。[①] 青年公务员的薪酬体系在公务员法的规范下具有明确的薪酬分配原则、正常晋级增资及平衡比较制度，青年公务员的工资用于日常的生活开支绰绰有余，但是青年公务员正处于婚育的年龄阶段，工资如用于购房则会产生较大经济压力，所以访谈时一位青年公务员调侃道："我们的工资是温饱有余，小康不足。"与年龄较大的公务员相比，青年公务员一般职务较低或没有职务，拥有的公共权力较少，工资收入是他们唯一的经济来源，这无形中加大了青年公务员的生活压力。

事实上，我国目前传统意义上的政府人事管理体制并不过多关注公务员的职业发展需求的差异性，青年公务员的职业发展面临体制、机制及

---

① 姜文锐，马剑虹.公务员和企业员工工作生活压力比较研究[J].人类工效学杂志，2003(1).

观念的多重困境。一方面,我国政府层级体制的特征是自上而下,职位体系也是自上而下呈金字塔状配置,虽然公务员法规定了公务员职业发展的职业通道多元化,2009年《深化干部人事制度改革规划纲要》中规定了职务与职级双轨道晋升,但这些都不能缓解晋升渠道单一给青年公务员带来的职业发展压力,公务员职业发展缺乏明确有力度的顶层制度设计,青年公务员的成长和发展机会受到束缚。另一方面,我国公务员考录的竞争日趋激烈,公务员队伍中不乏优秀人才,对自己的职业前景抱有远大的理想,希望在公务员的职业发展中实现自我。当政府提供的职业发展路径不能满足青年公务员发展的个体需求时,青年公务员职业发展压力增大,青年公务员的职业发展困境从组织层次上会产生人力资本的极大浪费,个体层次上会产生青年公务员的倦怠情绪,这些都与党的十八大所提出的科学发展观的精神相背离。

人际关系一直是学者们研究政府机关压力源的关注点,在政府机关内部,人际关系因为权力因素的渗透而变得复杂,这种以权力交往为内容的人际关系,体现着政府行政机关公务员之间那种特定的支配与被支配、管理与被管理、领导与被领导的纵向社会关系,以及分工与合作的横向平行关系。① 还有同学关系、同乡关系、血缘关系、情感关系等一般人际关系特征,使得政府人际关系暗流涌动。青年公务员因为资历较浅,会被动地受某些人际关系网络所影响,人际关系压力困扰着青年公务员。

在人口统计变量中,从性别来看,男性的职业发展前景压力、工作任务压力和生活压力都显著高于女性。中国传统的社会评价标准对男性与女性有明显的差异性,社会评价标准认为,男性是社会责任和家庭责任的主要承担者,对男性的职业发展要求更高。在访谈中,有些男性访谈对象谈到妻子对他职业发展的期望、家庭费用的支出让他感到压力,因为晋升的愿望更加强烈,使得男性对于完成领导分配的工作任务从而获得同事及领导的认可更加敏感,所以工作任务压力较女性大。科级干部是行政级别中最低一级的领导职务,在省市行政层级,科级青年公务员是工作任务的主要执行者,在区县、乡镇层级,科级干部成为基层事务的领导者与决策者,他们既承担着一定的职务职能,又实际执行着从中央到地方领导

---

① 张辉.论和谐社会政府人际关系的构建[J].党政干部论坛,2005(11).

的各项政策法规、任务责任。所以,科级青年公务员的工作任务压力显著高于其他职级的青年公务员。

第二节 我国青年公务员胜任力及工作绩效现状

一、青年公务员胜任力现状

1. 胜任力排序

经过前述量表测量,我国青年公务员的胜任力分为五种,按照得分高低依次为执行能力、依法行政能力、学习能力、政治鉴别能力和公共服务能力(见表13)。

表13 青年公务员胜任力描述性统计

胜任力	均值	标准差
执行能力	4.276	0.533
依法行政能力	4.266	0.524
学习能力	4.263	0.521
政治鉴别能力	4.243	0.567
公共服务能力	4.215	0.526

2. 工作年限的差异性比较

由表14可以看出,从排在前五位的胜任素质来看,依法行政能力、公共服务能力和执行能力是不随工作年限增长而普遍具备的胜任素质,但随着工作年限的增长,有些胜任能力却会有所变化。比如,5年及以下的青年公务员的学习能力提上了第二位;工作了6－10年后,政治鉴别力的排名提高;工作10年以上的青年公务员认为他们具备的最重要的胜任素质是心理调适能力,同时他们密切联系群众能力也相应地增强了。

表 14 不同工作年限的胜任素质比较

5年及以下(N=309)		6—10年(N=131)		11—15年(N=30)	
要素	均值	要素	均值	要素	均值
依法行政能力	4.249	依法行政能力	4.215	心理调适能力	4.492
学习能力	4.233	团队协作能力	4.190	依法行政能力	4.273
团队协作能力	4.209	公共服务能力	4.175	密切联系群众能力	4.273
执行能力	4.182	政治鉴别能力	4.150	公共服务能力	4.250
公共服务能力	4.171	执行能力	4.146	执行能力	4.234

3. 不同政府机关层级的胜任力差异性比较

由表15可以看出,省级、市级、区县级青年公务员已具备的关键胜任素质包括执行能力、学习能力、政治鉴别能力、自我认知能力、依法行政能力和公共服务能力,而在乡镇(街道)的青年公务员的关键胜任素质第一位是调查研究能力,这充分反映了乡镇(街道)青年公务员深入群众的基层工作特点。

表 15 不同政府机关层级的胜任素质比较研究

省级(N=160)		市级(N=305)		区县(N=468)		乡镇(街道)(N=135)	
要素	均值	要素	均值	要素	均值	要素	均值
执行能力	4.296	执行能力	4.495	学习能力	4.438	调查研究能力	4.475
学习能力	4.290	学习能力	4.333	执行能力	4.416	依法行政能力	4.461
政治鉴别能力	4.277	依法行政能力	4.313	政治鉴别能力	4.373	学习能力	4.418
自我认知能力	4.185	政治鉴别能力	4.288	自我认知能力	4.363	政治鉴别能力	4.404
依法行政能力	4.172	公共服务能力	4.239	依法行政能力	4.353	公共服务能力	4.404

二、青年公务员工作绩效现状

1. 青年公务员工作绩效

由表16可以看出,青年公务员的关系绩效与任务绩效的均值大于中位数(M_1=4.478,大于 2.5,M_2=4.065,大于 2.5),说明青年公务员工作绩效较好。

表 16　青年公务员工作绩效描述性统计

工作绩效	均值	标准差
关系绩效	4.478	0.596
任务绩效	4.065	0.612

2. 不同政府机关层次工作绩效差异性比较

政府机关层级在关系绩效和任务绩效上有显著差异(见表 17),再进一步通过折线图分析发现,乡镇(街道)的青年公务员关系绩效与任务绩效均值最大。

表 17　青年公务员工作绩效政府机关层级差异性比较

工作压力源	职级	N	M	SD	F	p
关系绩效	省级机关	162	4.317	0.590	6.144	0.000
	市级机关	309	4.455	0.560		
	区县级	495	4.509	0.609		
	乡镇(街道)	145	4.574	0.500		
任务绩效	省级机关	162	3.886	0.640	6.773	0.000
	市级机关	309	4.039	0.506		
	区县级	495	4.115	0.632		

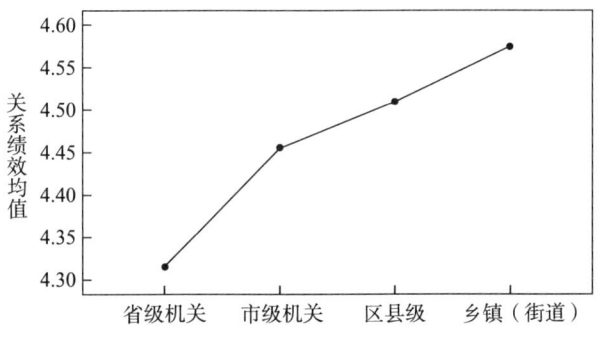

图 5　关系绩效政府机关层级差异性折线图

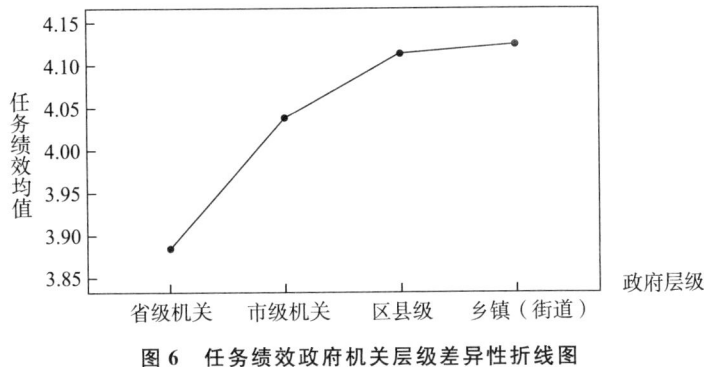

图 6　任务绩效政府机关层级差异性折线图

三、结论与讨论

（一）青年公务员胜任力分析

我国青年公务员的胜任力分为五种,按照得分高低依次为执行能力、依法行政能力、学习能力、政治鉴别能力和公共服务能力。执行能力得分最高,这也充分代表了青年公务员的工作特征。而在人口统计变量分析中,工作差异性因素对能力影响显著,随着工作年限的增长,有些胜任能力会有所变化。比如,5 年及以下的青年公务员认为自己具备了很好的学习能力,这是新进公务员迅速适应工作非常重要的能力;而工作了 6—10 年后,政治鉴别能力就显得重要了;工作 10 年以上的青年公务员认为他们具备的最重要的胜任素质是心理调适能力,而且这项素质的均值最高(M=4.492)。心理调适能力是指事业心强,有积极、乐观、向上的精神状态和爱岗敬业的热情;根据形势和环境变化适时调整自己的思维和行为,保持良好的心态、情绪;自信心强,意志坚定,能正确对待和处理顺境与逆境、成功与失败;良好的心理适应性,心胸开阔,容人让人,不嫉贤妒能。日新月异的时代对公务员的要求不断提升,工作年限越长的公务员面临的晋升、与时俱进的压力就越大,不可避免地会遇到一些挫折或困难,这时良好的心理调适能力成为工作绩效优劣的重要决定因素。同时,工作 10 年以上的青年公务员紧密联系群众的能力提高,工作 10 年及以下的青年公务员认为这并不显著影响他们绩效的胜任素质。我们的政府职能正在向服务型政府转变,密切联系群众能力是提高服务效能的重要胜任素质,工作 10 年以上的非领导公务员会更加深切地体会到这项胜任素质对于工作的重要性。

(二) 工作绩效

数据结果显示,青年公务员工作绩效整体较好,体现出我国青年公务员有较好的爱岗敬业、乐于奉献、遵守组织纪律、认真完成工作职责规定的工作任务等素质。在对工作绩效的人口统计变量中,政府层次对工作绩效影响显著,乡镇(街道)的青年公务员关系绩效与任务绩效均值最大。乡镇(街道)的青年公务员最为具体可操作,所以上级对他们的绩效评价更加直观可量化,其他政府层级工作较为宏观,所以乡镇(街道)的青年公务员呈现出最好的工作绩效。

第三节 青年公务员工作压力源对工作绩效影响研究

一、数据分析

由表18可以看出,角色模糊压力与关系绩效($r=-0.103$, $p<0.01$)、任务绩效呈显著负相关关系($r=-0.098$, $p<0.01$),人际关系压力与任务绩效呈显著负相关关系($r=-0.096$, $p<0.01$),关系绩效与任务绩效呈显著正相关关系,结果为进一步的回归分析奠定了基础。

表18 青年公务员工作压力源与工作绩效描述统计与相关系数表

变量	均值	标准差	1	2	3	4	5	6	7
职业发展前景压力	2.808	1.212	1						
工作任务压力	2.416	0.959	0.521**	1					
角色模糊压力	2.408	0.990	0.598**	0.453**	1				
人际关系压力	2.652	0.951	0.641**	0.567**	0.652**	1			
生活压力	3.548	1.341	0.236**	0.293**	0.108**	0.233**	1		

续表

变量	均值	标准差	1	2	3	4	5	6	7
关系绩效	4.474	0.584	-0.052	-0.029	-0.103**	-0.068*	0.041	1	*
任务绩效	4.062	0.597	-0.056	-0.035	-0.098**	-0.096**	0.032	0.756**	1

我们运用层级回归来检验青年公务员工作压力源对工作绩效的影响,工作绩效的两个维度——关系绩效和任务绩效作为因变量,在控制住样本的人口统计变量如性别、年龄、婚姻、学历、年资、职级、政府机关层级的情况下,我们依次把工作压力源五维度、工作压力源维度的平方值放入回归模型中,后者所增加的贡献可以用来检验曲线关系。

(1) 当关系绩效作为结果变量时,由表 19 可以看出,当工作压力源平方加入回归模型后,调整后的 R^2 增加了 0.018,$p<0.01$,认可模型三。再看回归系数,角色模糊压力与关系绩效呈正 U 型关系($\beta=0.036$,$p<0.01$),生活压力与关系绩效呈正 U 型关系($\beta=0.016$,$p<0.05$)。以上的理性预测没有得到验证。

(2) 当任务绩效作为结果变量时,由表 19 可以看出,当工作压力源平方加入回归模型后,调整后的 R^2 增加了 0.007,p 值不显著,认可模型二。模型二中,任务绩效与人际关系压力呈直线型负相关关系,也就是说,在政府机关工作的公务员感知的人际关系压力越大,任务绩效越低;与生活压力呈直线型正相关关系,公务员感知的生活压力越大,任务绩效越高。

表 19 公务员工作压力与工作绩效回归分析结果

预测变量		关系绩效		任务绩效	
		β	ΔR^2	β	ΔR^2
模型一	控制变量				
模型二	职业发展前景压力		0.013*		0.015**
	工作任务压力				
	角色模糊压力	-0.051*			
	人际关系压力			-0.065*	
	生活压力			0.024*	

续表

预测变量		关系绩效		任务绩效	
		β	ΔR²	β	ΔR²
模型三	职业前景平方		0.018**		0.007
	工作任务平方				
	角色模糊平方	0.036**			
	人际关系平方				
	生活压力平方	0.016*			
调整后的 R²		0.038		0.026	
整体的 F 值		3.570**		2.749**	

注：控制变量包括性别、年龄、婚姻、学历、年资、职级、政府机关层级。

二、结论与讨论

通过数据分析,我们发现,对于青年公务员来说,角色模糊压力与关系绩效呈正 U 型关系,角色模糊是因工作者对其职责与权力等缺乏明确的区分,无法形成清晰的角色期望,不能适当地执行角色行为的现象。[①] 换言之,当青年公务员主观感知到自己的工作可有可无、对领导的期望不明确、认为自己的工作没有意义或感知组织处于涣散状态,没有明确正式的指令时,公务员会无所适从。而关系绩效则表现为具有责任心、自觉遵守纪律、团队协作意识强、善于沟通等行为特征,当个体感觉角色模糊压力较小或较大时,关系绩效较好,中等强度的角色模糊压力使关系绩效降低。当角色模糊压力较小时,换言之,就是角色较清晰时,个体则表现出良好的自律与团队协作行为;而当角色模糊压力较大时,关系绩效则随之降低,当降低到某个点时,关系绩效又发生了变化,随着角色模糊压力的逐渐增大,关系绩效在提高,这可以解释为角色模糊压力让个体感觉到了安全感的丧失,个体在单位中感到存在受到威胁,为了弥补这种不安全感,个体会体现出良好的自律性和团队协作关系,作为一种对策来应对资源的流失。

---

① 景怀斌.公务员职业压力:组织生态与诊断[M].北京:中央编译出版社,2011:10.

生活压力与关系绩效呈正 U 型关系,青年公务员的生活压力较小时,关系绩效较高;随着生活压力的增加,关系绩效也随之降低;当生活压力增加到某一个节点时,关系绩效又发生了变化;随着生活压力的增大,关系绩效也在提高。当生活压力较小时,个体在工作过程中心情放松,当然会体现出良好的团队协作精神;随着生活压力的增大,个体产生焦虑感,关系绩效随之下降;而到达某一个节点时,关系绩效随着生活压力的增加而提升。这种现象可以如此进行理解:当个体因生活压力较大时,如经济压力、没时间照顾家人等,个体便陷入困境;为了改变这种困境,尤其是对于青年公务员来说,改变经济压力的唯一途径便是晋升,所以个体会隐藏自己的焦虑情绪,在工作中表现出较好的自律、乐于助人等行为特征,以获取领导、同事的好感与认可,为个体职业晋升奠定基础。这种现象在现实中普遍存在,生活压力越大,个体希望通过职业成功来改变现状的动机就越强烈,在工作中通常会表现出严格自律、乐于奉献、团队协作的良好的行为特征,希望迅速受领导赏识、同事认可,成为单位的核心骨干力量。

人际关系压力与任务绩效呈线性负相关关系。人际关系是指个体在社会交往中建立起来的,以满足双方的情感交流为基础的社会关系,它对个体的情绪、生活、工作有很大的影响。随着社会关系在物质、利益网络中发展,人际关系的亲疏更带上了功利的色彩,公务员的人际关系会影响其在政府机关的职业发展,并进而影响其情绪。同事或部门之间的沟通不畅、单位内部人际关系不融洽甚至紧张,都会让个体产生人际关系压力。数据分析表明,青年公务员的人际关系压力源越强,任务绩效越低,即履行工作职责、完成工作任务的行为特征会越差,人际关系压力过大会让个体感觉不到来自单位、同事的支持,个体的工作任务完成也会因为人际关系的不融洽而得不到领导或同事的肯定,这必然会影响到个体的工作积极性,从而导致任务绩效降低。

生活压力对任务绩效呈线性正相关关系影响。生活压力越大,改变现状的诉求越强烈,同上文表述相同,改变青年公务员现状的唯一途径就是晋升,晋升成领导职务,生活压力自然得到缓解,所以个体认真履行工作职责、一丝不苟地完成工作,表现为良好的关系绩效。

第四节 青年公务员胜任力对工作压力源与工作绩效关系调节作用研究

一、胜任力对工作压力源与工作绩效关系调节作用理论模型

我们在进一步考察青年公务员工作压力源与工作绩效关系时,把综合能力中的强能力,即胜任力作为调节变量放入工作压力与工作绩效关系中,检测胜任力是否对青年公务员工作压力源与工作绩效关系有调节作用,具体研究框架如图7所示。

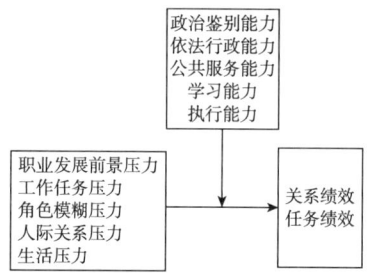

图7 胜任力对工作压力源与工作绩效关系调节作用理论模型

二、数据分析结果

(一)相关关系分析

表20列出了工作压力源、胜任力和工作绩效的相关系数,可以看出,政治鉴别能力、依法行政能力、公共服务能力、学习能力和执行能力与关系绩效和任务绩效都呈显著正相关关系,进一步验证了这五种能力是决定青年公务员绩效优秀的关键能力。再看能力与工作压力的关系,政治鉴别能力与职业发展前景压力、角色模糊压力、生活压力呈显著负相关关系($r_1=-0.066, r_2=-0.167, r_3=-0.120, p<0.01$),与生活压力呈显著正相关关系($r=0.098, p<0.01$)。依法行政能力、公共服务能力、学习能力都是与角色模糊压力、人际关系压力显著负相关,与生活压力显著正相关。这些为胜任力对工作压力源与工作绩效关系的调节作用的检测提供了基础。

表 20　工作压力源、胜任力和工作绩效描述统计与相关系数表

变量	均值	标准差	1	2	3	4	5	6	7	8	9	10	11	12
职业发展前景压力	2.808	1.212	1											
工作任务压力	2.416	0.959	0.521**	1										
角色模糊压力	2.408	0.996	0.598**	0.453**	1									
人际关系压力	2.652	0.951	0.641**	0.567**	0.652**	1								
生活压力	3.548	1.341	0.236**	0.293**	0.108**	0.233**	1							
政治鉴别能力	4.243	0.566	−0.066*	0.006	−0.167**	−0.120**	0.098**	1						
依法行政能力	4.266	0.523	−0.052	−0.031	−0.175**	−0.130**	0.083**	0.713**	1					
公共服务能力	4.214	0.525	−0.066*	−0.005	−0.161**	−0.123**	0.107**	0.689**	0.759**	1				
学习能力	4.262	0.520	−0.070*	−0.046	−0.148**	−0.095**	0.080**	0.591**	0.613**	0.647**	1			
执行能力	4.276	0.533	−0.042	0.014	−0.168**	−0.096**	0.122**	0.623**	0.665**	0.684**	0.633**	1		
关系绩效	4.474	0.584	−0.052	−0.029	−0.103**	−0.068*	0.041	0.355**	0.386**	0.426**	0.351**	0.402**	1	
任务绩效	4.062	0.597	−0.056	−0.035	−0.098**	−0.096**	0.032	0.339**	0.377**	0.394**	0.342**	0.366**	0.756**	1

(二)胜任力对公务员工作压力源与关系绩效的调节作用

先对自变量,即公务员工作压力源、调节变量五种胜任力进行标准化处理,然后再进行调节作用检测,分三步:第一步,放入控制变量;第二步,放入自变量和调节变量;第三步,放入调节变量与自变量的交互项。由表21可以看出,五种胜任力中,公共服务能力和执行能力对关系绩效有显著影响,政治鉴别能力对人际关系平方与关系绩效曲线有负向调节作用($\beta=-0.022, p<0.05$);执行能力对人际关系平方与关系绩效曲线有正向调节作用($\beta=0.022, p<0.05$);学习能力对生活压力平方与关系绩效曲线有正向调节作用($\beta=0.008, p<0.05$)。

表21 胜任力对公务员工作压力源与关系绩效调节作用检测

预测变量		关系绩效	
		β	ΔR^2
模型一	控制变量		
模型二	职业前景平方		0.210**
	工作任务平方		
	角色模糊平方	0.016**	
	人际关系平方		
	生活压力平方		
	政治鉴别能力		
	依法行政能力		
	公共服务能力	0.217***	
	学习能力		
	执行能力	0.189***	
模型三	职景平方政治		0.019
	职景平方依法		
	职景平方公共		
	职景平方学习		

续表

预测变量	关系绩效	
	β	ΔR^2
职景平方执行		
任务平方政治		
任务平方依法		
任务平方公共		
任务平方学习		
任务平方执行		
角色平方政治		
角色平方依法		
角色平方公共		
角色平方学习		
角色平方执行		
人际平方政治	−0.022*	
人际平方依法		
人际平方公共		
人际平方学习		
人际平方执行	−0.022*	
生活平方政治		
生活平方依法		
生活平方公共		
生活平方学习	0.008*	
生活平方执行		
调整后的 R^2	0.221	
整体的 F 值	8.493***	

注:控制变量包括性别、年龄、婚姻、学历、年资、职级、政府机关层级,省略的系数都为不显著的系数。

由图8可以看出,高政治鉴别能力的青年公务员比低政治鉴别能力的公务员关系绩效好,但是有一个节点;类似的,执行能力强的青年公务员比执行能力低的公务员关系绩效好,但是超过节点时,执行能力强可能会减弱关系绩效;当学习能力较高时,生活压力与关系绩效呈正U型关系,当学习能力较低时,生活压力与关系绩效呈倒U型关系,高学习能力的公务员比低学习能力的公务员面对同样的生活压力时,表现出的关系绩效较好。学习能力较低时,生活压力与关系绩效呈很平坦的倒U型曲线,当生活压力较小时,关系绩效较差,随着生活压力的上升,关系绩效增强,当超过某一个节点时,生活压力越大,关系绩效越差。而当个体的学习能力较强时,生活压力与关系绩效呈平坦的正U型关系,因为个体的学习能力强,所以当生活压力较大时,个体的关系绩效却在上升,这充分体现了学习能力对生活压力与关系绩效的调节作用。

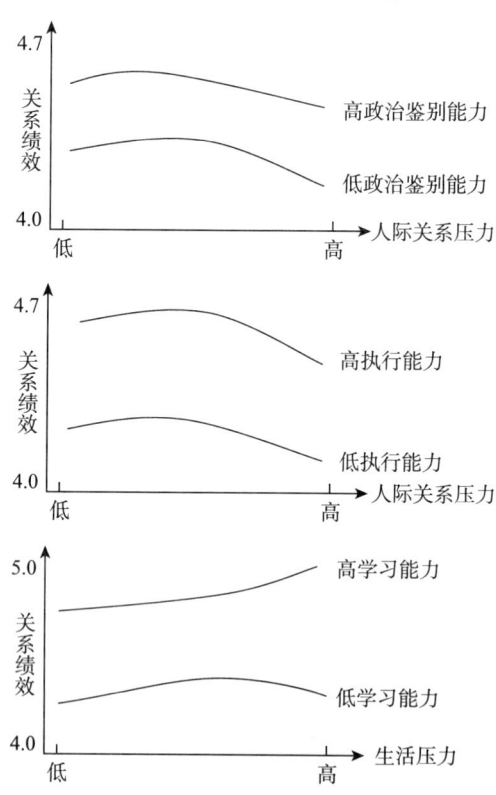

图 8　胜任力对工作压力源与关系绩效调节作用

(三）胜任力对青年公务员工作压力源与任务绩效的调节作用检测

先对自变量，即公务员工作压力源、调节变量五种胜任力进行标准化处理，然后再进行调节作用检测。这个过程分三步：第一步，放入控制变量；第二步，放入自变量和调节变量；第三步，放入调节变量与自变量的交互项。由表22可以看出，依法行政能力、公共服务能力和执行能力对任务绩效影响显著；执行能力对工作任务压力与任务绩效有正向调节作用（$\beta=0.140, p<0.05$）；学习能力对生活压力与任务绩效有正向调节作用（$\beta=0.064, p<0.05$）。

再进一步分析发现，当执行能力处于高位时，工作任务压力对任务绩效产生正向影响，线性关系比较平坦，工作任务压力越大，任务绩效越高；当执行能力处于低位时，工作任务压力对任务绩效产生负向影响，工作任务压力越大，任务绩效越好。当学习能力处于高位时，生活压力对任务绩效产生正向影响，生活压力越大，任务绩效越高；当学习能力处于低位时，生活压力对任务绩效产生负向影响，生活压力越大，任务绩效越低，生活压力越小，任务绩效越高（见图9）。

表22 胜任力对公务员工作压力源与任务绩效调节作用检测

预测变量		任务绩效	
		β	ΔR^2
模型一	控制变量		
模型二	职业前景压力		
	工作任务压力		
	角色模糊压力		
	人际关系压力		0.167***
	生活压力		
	政治鉴别能力		
	依法行政能力	0.114*	
	公共服务能力	0.160**	

续表

预测变量		任务绩效	
		β	ΔR^2
模型三	学习能力		
	执行能力	0.140**	
	职景政治		0.024*
	职景依法		
	职景公共		
	职景学习		
	职景执行		
	任务政治		
	任务依法		
	任务公共		
	任务学习		
	任务执行	0.140*	
	角色政治		
	角色依法		
	角色公共		
	角色学习		
	角色执行		
	人际政治		
	人际依法		
	人际公共		
	人际学习		
	人际执行		
	生活政治		
	生活依法		

续表

预测变量		任务绩效	
		β	ΔR^2
	生活公共		
	生活学习	0.064*	
	生活执行		
调整后的 R^2		0.185	
整体的 F 值		8.212***	

注：控制变量包括性别、年龄、婚姻、学历、年资、职级、政府机关层级。

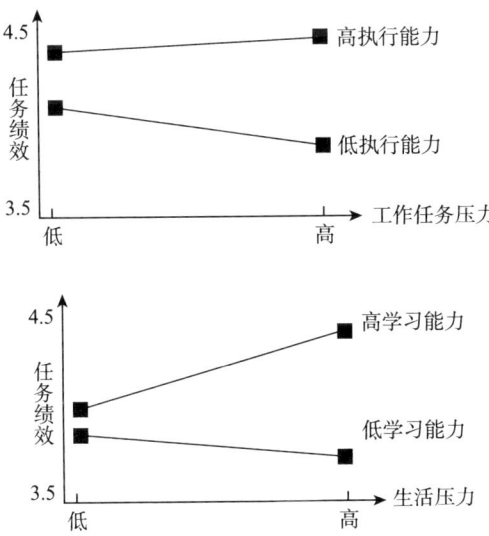

图 9　胜任力对工作压力源与任务绩效调节作用

三、结论与讨论

（一）胜任力对工作压力源与关系绩效的调节作用

通过数据分析我们发现,在胜任力对青年公务员工作压力源与关系绩效关系的调节作用检验中,政治鉴别能力对人际关系平方与关系绩效曲线有负向调节作用,执行能力对人际关系平方与关系绩效曲线有正向调节作用,学习能力对生活压力平方与关系绩效曲线有正向调节作用。在同样的人际关系压力下,高政治鉴别能力的青年公务员比低政治鉴别能力的青年公务员关系绩效好;类似的,同样的人际关系压力下,执行能力强的青年公务员比执行力低的青年公务员关系绩效好。这个研究结论与我们的理性预测相一致,即良好的政治鉴别能力能有效减弱人际关系给青年公务员带来的压力。政治鉴别能力指具有政治理论功底,善于从政治上观察、思考和处理问题,能透过现象看本质,是非分明;具有一定的政治敏锐性和洞察力,正确把握时代发展要求,科学判断形势,贯彻执行党的路线、方针、政策。执行能力是青年公务员重要的能力,面对人际关系压力时,能快速高效完成领导交办的任务及部门日常工作,对不可预测的突发事件反应敏捷并及时采取行动的能力可以有效化解人际关系的压力,保持良好的关系绩效。

学习能力较低时,生活压力与关系绩效呈平坦的倒 U 型,当生活压力较小时,关系绩效较差,随着生活压力的上升则关系绩效增强;当超过一个节点时,生活压力越大,关系绩效越差。而当个体的学习能力较强时,生活压力与关系绩效呈平坦的正 U 型,因为个体的学习能力强,所以当生活压力较大时,个体的关系绩效却在上升,这充分体现了学习能力对生活压力与关系绩效的调节作用。也就是说,当学习能力较弱时,生活压力与关系绩效的关系符合耶克斯—多德森定律,呈倒 U 型。而当学习能力强时,生活压力与关系绩效的关系发生了改变,呈正 U 型,因为个体学习能力强,学习专业知识与技能能力强,知识环境适应能力强,生活压力的主观感觉转变为学习知识与技术的内在驱动力,并在工作中通过行为表现出来,关系绩效是工作最直接的行为表征。

(二)胜任力对工作压力源与任务绩效的调节作用

在胜任力对青年公务员工作压力源与任务绩效关系的调节作用检验中,执行能力对工作任务压力与任务绩效有负向调节作用;学习能力对生活压力与任务绩效有正向调节作用。当执行能力处于高位时,工作任务压力对任务绩效产生正向影响;当执行能力处于低位时,工作任务压力对任务绩效产生负向影响。当学习能力处于高位时,生活压力对任务绩效产生正向影响;当学习能力处于低位时,生活压力对任务绩效产生负向影响。由此可以看出,执行能力显著调节工作任务压力与任务绩效关系,学习能力显著调节生活压力与任务绩效关系。

当执行能力较高时,工作任务压力越大,任务绩效越高,这也说明强执行能力的抗压能力较强,虽然领导分配的工作任务较多,但是因为能高效快速完成工作的能力强,所以工作任务压力越重,青年公务员完成任务的绩效越好。

当学习能力较高时,生活压力越大,任务绩效越高,学习能力强也能显著调节生活压力与任务绩效的关系,主观上感知的生活压力对于学习能力强的公务员会表现为不断地学习知识与技能以应对压力带来的不安全感,知识与技能运用于工作中体现为任务绩效的提高。

由此可以看出,学习能力、执行能力和政治鉴别能力是青年公务员工作压力与工作绩效的调节变量,这些能力较高时,可以减弱工作压力源对工作绩效的负面影响,增加青年公务员的抗压能力,从而提升青年公务员的工作绩效。

第五章 基于行政人性—结构—行为平衡的制度解决与行为回应

当前,中国正进入转变经济发展方式、深化改革的历史阶段,中国的工业化、信息化、城镇化、农业现代化方兴未艾。同时,我国的社会矛盾和困难也重重迭现,维护社会稳定、公平的压力很大,再加上治理现代化变革的不断深入,这些都给我国的政府管理带来了挑战。而青年公务员作为公务员队伍中的执行层与操作层,是政府管理压力的直接承担者。根据前面章节的阐述,青年公务员面临着生活压力、职业发展前景压力和人际关系压力等多种压力源。青年公务员无法规避外部经济社会环境带给自身的压力,所以从组织层次上减缓青年公务员压力需从顶层设计上进行改革,充分关注青年公务员的心理需求,从人性化的角度对组织结构、制度进行变革,对青年公务员进行有效的压力管理。本章首先将构建一个行政人性—结构—行为平衡的模型,基于这个模型,提出一系列制度建设建议,以期在组织层次上实现青年公务员压力管理,并阐述在人性与结构平衡机制下的组织与个体层次上的行为回应。

第一节 行政人性—结构—行为平衡模型构建

压力多是以个体为关注点,然而压力作为个体—组织互动状况、结果的反映,实际上反映着组织的运作状况。我国的行政管理体制正处于转型中,西方公共行政范式变迁对转型期的中国产生了深远影响,新公共服务范式为我国政府的管理体制创新提供了一个全新的视野。我国地方政府正在尝试以公平、民主、兼顾效能为价值导向,构建服务型政府,通过公务员工作促进建立一种集体的、共同的公共利益观念,公务员工作因此变得极为复杂,而且面临着巨大的挑战。在新公共服务理论家看来,充分关注公务员需求和价值的人才管理系统可以培养公务员的公民意识、责任心和献身精神。①

一、我国行政结构下的人性变迁

结构主义把世界万物看成一种结构及其关系,按照列维-斯特劳斯的观点,所谓结构,是指各种关系的总和,其中各部分关系都以特定的方式相互联系和作用,任何一项关系的变化都会引起其他关系项的变化。① 事实上,结构主义者把结构看成人类心智的产物,结构是先验的,是人类心灵无意识投射于文化现象的产物,结构的根源在于先验的"无意识"。结构与人性的匹配可从人性的本源说起,中国古代哲学家、道教的创始人老子从对宇宙与人的和谐上提出了"人法地,地法天,天法道,道法自然",他认为人应该尊重自然,做到自然而然。孔子在《中庸》中说:"天命之谓性。"天性是由天赋予的,由此人性在结构空间中存在,大到天地宇宙,小到组织团队,结构通过制度、机制与技术的设计让人性在其中得到尊重、舒伸与发展,实现人性与结构的终极平衡。行政人性是人性的一种特殊表现形式,亨利在《公共行政与公共事务》中对公共部门行政人性进行了总结:公共行政人员可能比私人部门管理者有较高实现项目目标的需要,容易形成独断孤僻的个性,支配欲望较强,比较老谋深算,以及热衷追求地位。② 早在 20 世纪 30 年代,霍桑的实验就发现,行为和动机都很复杂,它们受到态度、感情以及我们赋予工作和工作关系的意义的影响。正如 Roethlisberger 和 Dickson 所言,我们的观点很简单,那就是人的问题需要人性的解决方案。在行政人性关切下的结构平衡会引起在组织层次和个体层次上的行为回应。青年公务员正处于职业生涯的探索与发展阶段,人性化的管理制度建设首先表现为个体层次的回应。奥特说:"结构——即一个组织的形态、规模程序、生产技术、职位描述、报告安排以及

---

① 陈晓明,杨鹏.结构主义与后结构主义在中国[M].北京:首都师范大学出版社,2001:4.
② [美]尼古拉斯·亨利.公共行政与公共事务[M].张昕,等译.北京:中国人民大学出版社,2002:196.

协调关系,这种组织结构会影响感情和情绪并因而会影响内部人员的团体的行为。"不同的行政结构是以不同的人性假设为理论基础的。①

1. 古典的行政组织结构与非人格化人性假设

古典的行政组织理论家强调组织结构的理性维度,忽略组织成员构成的社会和心理因素。古典理论家的基本概念是相信人们的行为可以被塑造为前后一致的、符合逻辑的、有规律的以及经济的。

官僚制组织结构是层级制组织结构形式最典型的代表,这种结构方法关系强调管理和控制组织中人员行为,是一个由权威、系统化的规则和程序以及具有确定职责的正式职位构成的层级体制,韦伯认为这样一种结构可以导致可预见的并且有效率的绩效。非人格化的行政人性假设在精确、迅速、明确、统一性、严格服从、减少摩擦以及节约材料和个人成本的官僚制结构中得到规范与实现。韦伯认为通过客观、非人格化的行政人性设计使得行政组织的运行效率达到最优,并使得行政运行流程可重复,成为一套按规则规定的方式运行的社会习惯和社会实践形式。

泰勒基本上也持有同样的观点,但是他的理论理性化了员工的身体行为,首要目标是提高生产效率,作业环境和作业条件标准化,制定生产定额,制订生产计划,向工人发布命令和指示,把实际执行情况与确定的标准进行比较,以便进行控制。管理理论不涉及员工的性格、能力和心理需求,人格为理性化人性假设。

孔德认为,社会是一种有规律的结构,这种整体结构同它的部分之间具有一种普遍的和谐,而普遍和谐的根基在于人性。② 现代行政组织理论家对古典的行政组织结构与非人格化进行了批判。官僚化让个性根本没有任何机会得以张扬,其中价值导向的各种社会行为都会因糟糕的官僚结构和由正式理性的规律和规制构成的紧密结合的网络而受到阻碍。罗伯特·K.墨顿在有关"官僚人格"的论文中对官僚人格进行了批判,墨顿认为官僚体制在理性化(并且僵化)其行政技术时,其内部的官僚都必

---

① [美]珍妮特·V.登哈特,罗伯特·B.登哈特.新公共服务:掌舵,而不是划桨[M].丁煌,译.北京:中国人民大学出版社,2004:36,89.

② 陈炳,高猛.结构主义与官僚制:对传统公共行政的话语透析[J].中国行政管理,2011(2).

须经过培训和社会化过程,以便他们能够按那些技术所规定的模式和路线思考问题,因此用墨顿的话说,官僚被塑造成训练有素的无能者。在这种僵化的官僚体制下,为了遵守所有形式上的规定,他们难免会变成公事公办、墨守成规、凡事不涉及私人感情且感情冷漠。事实上,理性化官僚体制的压力产生了过度的服从,因为这样可以确保安全余地,减少组织的不确定性。此外,官僚体制强调非人格化人际关系,与通过社会化带来的职业残障一道产生了民众感知的没有同情心、无利害关系,而且经常不能谅解的官僚者,因为民众只关心他或她独特的问题或特征。①

所以,传统的人事管理体制并不认可组织结构下的人性差异性,行政人性被规定为非人格化的理性人,公务员通过培训和社会化,按技术所规定的模式和路线思考问题。官僚制是"对人实施必要的控制的最理性已知手段",并通过使行政过程尽可能地客观、理性和非人格化来实现。公务员与工作的匹配及工作满意度不受关注,官僚制范式下的传统人事行政结构难以避免地走向解构和再造。

2. 新公共服务与行政人性假设

传统行政结构的人事管理制度的优点在于它为体制内部的公务员提供了一套获得稳定感的方法。公务员被任命到低层次职位上去并通过等级制度获得稳定的升迁,甚至可凭借资历获得升迁,这种形式将向他们灌输对部门和公共服务的忠诚感,并弱化将公职政治化的倾向。但是,传统行政组织结构的人事管理制度还是有劣势的,表现在一种以僵化的等级制度为特征的制度无法应付快速的变化。人事管理目的在于为需要完成的任务选拔、任命和培训最适合的工作人员。然而,这种人与事十分匹配的情况在任何制度中都难以完全实现,即使是这样,要找到一个在以上三个方面的表现都比行政的传统模式更差的例子是很难的。总的说来,一场运动已经开始,它旨在打破僵化的等级制度结构并提供灵活性。

新公共服务以服务、公平为价值导向,认为如果公务员本身得不到尊

---

① [美]尼古拉斯·亨利.公共行政与公共事务[J].张昕,等译.北京:中国人民大学出版社,2002:191-192.

重的对待,那么我们就不可能指望他们会尊重地对待他们的公民。① 在新公共服务中处于核心地位的人性行为要素——例如人的尊严、信任、归属感、关心他人,服务,以及基于共同理想和公共利益的公民意识——在旧公共行政和新公共管理中都被降低了重要性。社会心理学认为,行政人是生物的、情绪的、行为的以及社会的受造物,他们具有有限的认知能力和认知差异性,然而他们也有能力去感受以及根据个人利益的考量而采取行动,且以此为原则去解决问题和进行谈判。传统的人事管理制度显然忽略了这一点,这种人与事的匹配在新公共服务视野下的服务型政府构建中得到关注,即开始关注公务员的主观感觉。

目前,我国政府正在努力构建强化社会管理和公共服务职能的服务型政府,这种新型的政府治理结构以人为本,以科学发展观为指导,其价值导向与西方的新公共服务相一致。新公共服务行政结构是一个高度开放的系统,它强调公务员系统直接回应公众的要求,为此,我国政府设计了行政问责、新闻发言人制度、政府官方微博等制度化的途径。同时,公平公正科学的公务员录用机制、科学规范的竞争性选拔制度的建立等,都畅通了公务员系统与社会系统之间的交流。同时,我国政府构建的服务型政府正在努力实现行政内民主,关注公务员的心理需求与幸福感,这种关注需要以结构的形式在组织中体现,以维持在服务型政府结构与人性平衡中结构的自足性、平衡性和自我维持性,通过制度形式规制、控制组织行为,引导青年公务员个体行为。

二、行政人性－结构－行为平衡的青年公务员解压与高绩效行为模型构建

行政人性－结构－行为平衡的青年公务员解压与高绩效行为模型以人性为基础。人性假设认可公务员的个性具有差异性,心理需求成为行为的驱动因素,面对压力时会作出合理应对,也就是说,我国的政府部门首先要认识到青年公务员工作压力源的积极及消极影响,并在制度设计与管理中充分考虑青年公务员的压力应对与管理,加强青年公务员的心

---

① [美]珍妮特·V.登哈特,罗伯特·R.登哈特.新公共服务:掌舵,而不是划桨[M].丁煌,译.北京:中国人民大学出版社,2004:119.

理疏导、职业发展设计、胜任力培养,做到人岗匹配,这样才能输出高效和谐的组织行为和高效健康的个体行为(如图10)。在这一模型中,结构是在实践中通过具体的表现以时空的形态存在着,并作为记忆的踪迹定位着可知的人类能动性的行为。制度则是结构的实践表征,吉登斯认为,"结构原则最为深刻地体现着结构的特征,说明着社会总体性的再生产,那些在这一总体性中具有最大时空延续的实践就是所谓的制度"①。系统、制度以及其他类似的事物并不是存在于个体(群体)进行社会实践活动的客观领域之外,而是内化于这一客观领域之中。制度是被资源配置和规则所维持的重复性实践。在这一模型中,物化的制度体系反映着人性化的思想内核,并企盼产生高绩效的行为输出,达成组织层次上的行政人性-结构-行为的平衡统一,从而减缓青年公务员压力,提升组织与公务员绩效,创建和谐组织文化,提升青年公务员工作满意度。

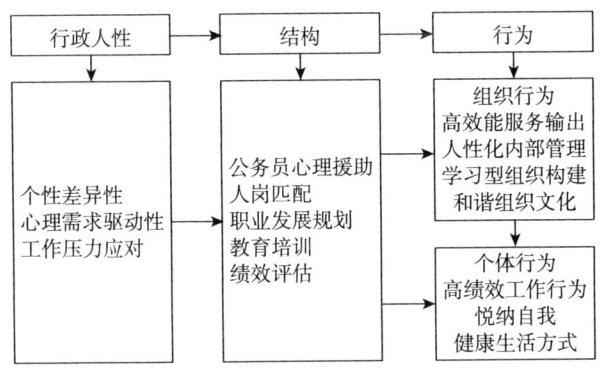

图10 行政人性-结构-行为平衡的公务员解压与高绩效行为模型

由此,在后面的章节中,笔者分别对青年公务员的工作压力的制度解决与行为回应进行剖析,制度层面上的解决策略为政府机关心理援助计划的实施、人岗匹配管理系统的构建、提升胜任力的教育培训机制、人本化管理的职业生涯发展、压力管理视角下的绩效评估体系等,行为回应则主要表现为组织层面上的高效能服务输出、人性化内部管理、学习型组织构建、和谐的组织文化,个体层面上压力自我管理与自我心理调适的高绩

---

① [美]查尔斯·J.福克斯,休·T.米勒.后现代公共行政:话语指向[M].楚艳红,等译.北京:中国人民大学出版社,2002:8.

效工作行为、悦纳自我的生活方式等。

第二节 青年公务员心理援助计划的路径实现

压力就像一根琴弦,没有压力,就不会产生音乐。但是,如果琴弦绷得太紧,就会断掉。你需要将压力控制在适当的水平——使压力的程度能够与你的生活相协调。青年公务员的工作压力过大,会引起一系列的生理、情绪及行为反应。在组织层次上首先给予青年公务员这个特殊群体心理支持和援助成为亟待解决的问题。

一、对青年公务员进行心理援助的必要性

(一)工作压力过大引起生理及行为反应影响青年公务员身心健康

从上文可以看出,我国青年公务员的工作压力源尤其是生活压力、工作前景压力、工作人际关系压力较强,工作压力源过强会引起公务员一系列生理、情绪和行为反应,并影响政府的服务质量和输出效能。

1. 工作压力过大引起的生理反应

生理性的压力症状包括呼吸急促、口干舌燥、手冷而黏湿、周身燥热、肌肉绷紧、消化不良、腹泻、便秘、过度疲劳、紧张性头痛、神经抽搐、坐立不安等。当然,因生理的作用、外部的温度或饮食过度所致,以上各种症状在日常生活中都可能感受到。然而,当这些症状没有明显的原因而出现时;或者当多种症状同时出现时;或者当这些症状比我们预期的要更频繁地出现时,这些症状便成为压力的症状。面对较大的压力,人的身体为我们进行"搏斗"——也许是一场生与死的搏斗,或为我们冲向安全境地而做准备。为此,人体自身会向血液大量释放肾上腺素,或关闭消化系统,或增强血液黏稠度以使之凝结,或加快周身血液循环等。这些反应仅是权宜之计——使我们避开或消除危险的隐患。长期承受压力容易使我

们更易患感冒、口腔溃疡、肠胃疾病、皮肤病、心脏病等疾病,也可能导致网络成瘾、酗酒,甚至滥用毒品。

2. 工作压力过大引起的情绪反应

工作压力过大引发的情绪症状包括经常动怒、严重焦虑、消沉沮丧、丧失幽默感、对最简单的日常事务也无法集中精力等。辨认自身或他人压力的关键是了解其反常的情绪反应,如对自身外表、他人、社会事件及以往感兴趣的事情(比如热衷的体育运动)不再留意;精力溃散,记忆衰退,遇事迟疑不决;烦躁、愤怒好斗、情绪剧变;忧愁、沮丧、愁苦、内疚、疲劳、冷漠以及切身的无助感和失败感;感到无能、自卑与没有价值。压力以及伴随而来的负面情绪,我们通常称为"心情感冒",例如,在访谈中一些主观感觉工作压力较大的青年公务员抱怨起床的时候感觉很疲倦,无精打采,心情不好,或者心神恍惚。

3. 工作压力过大引起的行为反应

工作压力过大所导致的行为表现很容易识别。例如,当处于压力之下时,人们会难以集中精力、头脑不够清晰,难以作出决断,丧失创造力、丧失对外貌以及他人的兴趣,更多地喝酒或是大量地吸烟,这是一种直接的压力缓解方式。还有些人因为有太多的工作要做,他们便会减少睡眠,或是由于焦虑而影响睡眠质量;他们可能疲于应付工作和日常的压力,以致对自己的生活有些失控,无法在自己需要的时候去看医生。工作压力过大还会引起一些过激的负面行为,例如因一些小事与同事、家人争吵,发泄式的购物,超速驾驶等。因此,有必要对青年公务员提供专业的心理援助。

(二)我国法律对于职工的心理健康有明确的条文规定

2012年10月26日第十一届全国人民代表大会常务委员会第二十九次会议通过《中华人民共和国精神卫生法》,其中第十五条规定,用人单位应当创造有益于职工身心健康的工作环境,关注职工的心理健康,对处于职业发展特定时期或者在特殊岗位工作的职工应当有针对性地开展心理健康教育。《中华人民共和国精神卫生法》为我国政府机关实施公务员帮助计划提供了法律依据。

(三)公务员心理问题靠传统的宣传与说服教育难以奏效

随着公务员招录制度的不断成熟与完善,我国青年公务员队伍的素质不断提高,对于组织职业发展、管理水平的要求也在不断提高,以及新生代"80后""90后"的加入,使得青年公务员的构成不断多样化,个人需求也呈现出个性化与差异性。当青年公务员工作压力过大时,仅靠宣传与说服教育已经很难取得明显的成效,需要提供专业指导、培训和咨询,帮助他们解决心理和行为问题,提高绩效及改善组织氛围和管理。青年公务员面临着比年长公务员更多的困惑和茫然,因此,更需要对他们这个特殊的群体实施系统专业的心理援助计划。

二、公务员心理援助计划的基本概念

心理援助计划即 EAP,根据国际 EAP 协会的定义:EAP 是一项基于工作场所的计划。该计划旨在帮助工作组织处理生产效率问题以及帮助"雇员客户"甄别和解决个人所关心的问题,这些问题包括不限于健康、婚姻、家庭、财务、酒精、法律、情感、压力以及其他可能影响工作绩效的问题。David A.Sharar、Dale A.Masi、时勘、谷向东、李金平、陈维政等学者认为,EAP 是企业为员工提供的一项福利,组织通过专业手段帮助员工解决诸如婚姻、家庭、情感、工作压力、药物、酒精、法律和财务等问题。根据国际 EAP 协会的指导手册(2003年版),EAP 的核心内容包括:① 提供咨询、培训和援助给那些力图管理处于困境的雇员、改善工作环境、提高雇员工作绩效,并培养雇员和家人了解 EAP 服务的工作组织的领导者;② 为雇员客户所关心的个人问题提供保密和及时的问题甄别与评估服务,因为这些个人问题可能会影响工作绩效;③ 运用建设性的面谈、激励和短期干预的方法,帮助员工客户处理可能影响工作绩效的问题;④ 为员工客户推荐诊断、治疗和援助服务以及案例监控和跟踪服务;⑤ 在工作组织与提供治疗和其他服务的供应商建立和保持有效关系以及管理供应商契约方面,为其提供咨询;⑥ 为工作组织提供咨询,鼓励适用医疗和行为问题(包括但不限于:酗酒、药物滥用、精神和情感紊乱)的健康保障的实用性和可获得性;⑦ 鉴定为工作组织和个人工作绩效提供的 EAP 服务的效果。①

三、公务员心理援助计划的理论与实践发展现状

EAP 在西方企业广泛应用,目前在世界 500 强企业中,有 90% 以上建立了 EAP,美国有将近四分之一企业的员工享受 EAP 服务。不论是理论研究还是实践发展,EAP 在我国企业的运用还处于起步阶段,部分实力较强、员工压力较大的企业,如中国移动、富士康等企业运用了 EAP。我国政府部门实行 EAP 的单位更是凤毛麟角,笔者从查到的资料来看,只有 2004 年上海市徐汇区开展了公务员援助计划,公务员援助计划包括人际关系、职业规划、恋爱婚姻、亲子关系、企业管理、团队建设、投资理财、法律顾问、问卷调查和心理咨询等 10 项服务内容;深圳市公安局设立了心理服务中心;浙江省慈溪市委组织部、机关党工委等部门启动"心理援助计划",开展心理测评、心理讲座、室外拓展训练等,进行心理素质、心理承受能力、抗挫折能力的训练,同时每年还将邀请心理咨询师对公务员个人进行一对一的心理咨询,公务员们还可以通过"慈溪干部心理健康网"进行网络咨询。

我国学者对公务员援助计划在政府部门运用的必要性与可行性进行了探讨:宁本荣对我国公务员援助计划的实施困境与有效性进行了研究,认为公务员援助计划没有在政府部门广泛地推广与应用,其面临着公务员群体主观意愿缺失、政府推动力不足与公务员援助计划项目存在自身缺陷等实施困境,并提出了提升公务员主观意愿、增强政府的动力与完善公务员援助计划的技术等有效路径。②何跃、李晓萌对公务员的实施模式与运行路径进行了探讨,认为我国公务员援助计划宜采用外主内辅模式、共同委托模式和联合模式交叉运用的实施模式,在具体操作上,政府部门运行公务员援助计划需要从引入前的准备、EAP 的具体实施和后期评估三个环节入手。③

---

① 刘亚林.EAP(员工援助计划)研究综述[J].研究与管理研究,2006(6).
② 宁本荣.试论我国公务员援助计划的实施困境与有效路径[J].中国行政管理,2008(7).
③ 何跃,李晓萌.公务员援助计划的实施模式与运行路径[J].郑州航空工业管理学院学报,2009(4).

四、我国政府部门实施公务员心理援助计划的阻碍

虽然公务员心理健康问题渐渐被学者们广泛关注,但是我国政府部门实施公务员心理援助计划的条件还不够成熟,主要存在三个障碍:理念障碍、体制性障碍、机制性障碍。

1. 理念障碍

从笔者的访谈来看,从单位主管领导到青年公务员都会表示,工作压力较大时,有较多的情绪郁结时,不会寻求专业心理医生的帮助,会选择自己扛。这是中国人看待心理疾病的误区,认为找心理医生就是有精神病或神经病,只有出现较严重心理问题或出现精神分裂症状,严重影响到工作与社会交往时,才会想到寻求专业心理医生的治疗。尤其有些公务员担心把心理隐私对心理咨询师说出来后会影响自己在单位的晋升、调岗等职业发展,心理咨询师会把自己的心理隐私向单位的领导反映,因此大部分公务员讳疾忌医。心理援助被认为是一项可有可无的工作,只作为思想政治工作的一个点缀,却不可能被公务员的思想意识所普遍接受,这是我国政府部门实施公务员援助计划的理念障碍。上海市徐汇区2004年的公务员援助计划因为公务员在意识上不接受而没有顺利开展下去。

2. 体制性障碍

我国政府部门的制度都是自上而下的,目前我国政府部门从中央到地方都没有制定对公务员进行心理援助的制度,各行政机关也没有制定相应的制度。宁荣本在分析我国公务员援助计划的困境时认为,从指导思想上看,公务员管理体制建立的指导思想是根据"公务员是人民公仆"的原则来设立的,无论是公务员的招录还是公务员的考核、晋升等程序,都把公务员较强的心理调适能力以及解决自身其他问题的能力作为一个基本的条件,而忽视公务员在工作过程中以及个人职业生涯过程中可能出现的心理问题以及其他方面的问题。因此,在公务员管理制度的设计上,没有实施公务员援助计划的理由。

3. 机制性障碍

因为没有制度上的支撑,所以虽然有些政府部门在尝试进行公务员

心理援助计划,但是在微观机制建设上还存在诸多障碍。一方面在资金保障上,公务员心理援助计划是在政府组织层次上给公务员提供的福利,所以应由政府财政拨款。局部小范围试点可以,整个政府部门如若推行专业的心理援助计划,必将带来一笔巨大的财政预算。目前中央政府正在倡导建设节约型政府,推行公务员心理援助计划在资金上将缺乏中央层面的支持。另一方面在人员保障上,公务员心理援助计划是专业性强、保密性要求高的工作,所以对人员素质要求也较高,心理援助需要聘请心理方面的专业人士对公务员进行测评、培训、一对一辅导,目前我国公务员队伍中从事公务员思想政治工作的人较少,有心理学专业背景的人更少,所以从理念上到专业上政府都缺乏心理援助的专业人员。

五、我国政府实施公务员心理援助计划的实现路径探讨

我国政府实施公务员心理援助计划,特别是对青年公务员进行心理援助,可以实行逐步推进、重点突出的战略方针,具体可分为四个层次。

1. 树立青年公务员对心理援助的正确意识

第一个层次是和党政工作的教育培训相结合,把心理援助作为教育培训的一个子方向,通过教育培训让公务员的思想观念逐步接受与认识到心理援助的重要性与必要性,纠正心理问题是精神问题的认识误区,把心理健康知识普及与意识灌输作为教育培训的主要目的。心理援助的培训课程相当丰富,除了压力管理外,还包括职业心理健康、人际沟通、工作与家庭平衡等,不仅让青年公务员感受到组织对他们的人文关怀,还让青年公务员自身慢慢学会心理健康的自我管理。

2. 系统全面地实施青年公务员心理援助计划

第二层次是寻求顶层设计的制度支持,没有制度保障,心理援助只能是无本之源。所以,系统推行公务员心理援助要有上级机关的制度支撑。其实,公务员心理援助是政府思想政治工作的一个升级版,它用更专业的知识内核、更丰富的关怀形式、更深入的沟通技巧疏导公务员的思想包袱。所以,应当把青年公务员心理援助计划纳入到公务员思想政治工作中来。青年公务员心理援助计划是一个内涵极其丰富的系统,不仅包括心理健康,还包括人力资源管理、保健养生、法律理财等相关服务内容,是

让公务员全方面感觉到组织支持的福利计划。

3. 兼顾内置和外设的整合模式

政府部门内部设立心理援助团队,建立心理咨询室,并与外部其他专业服务机构合作,共同为当地公务员提供 EAP 服务。此种模式与当前政府的组织形式相契合,不仅可以降低心理援助的财务成本,也可以接受外部专家机构的专业化服务。组织内部的心理援助了解单位与青年公务员的具体情况,对一些共同性的心理问题产生的背景比较熟悉,所以对一些共同性的心理问题、一般性的心理问题进行心理疏导能很好地配合青年公务员的需求;外部专家则提供专业的公务员心理体验并应对一些难度较大的心理问题。整合模式对政府内部从事公务员思想工作的员工提出了较高的要求,要求他们接受专业的心理学培训并获得心理咨询师资格证书,在获得专业知识的同时还需要培养心理援助必需的专业素养,对前来咨询的公务员除涉及违反法律或存在精神分裂的之外,必须保护咨询者的个人隐私,这样才能消除青年公务员的顾虑,有效发挥内部心理援助的作用。

4. 为个别有严重心理问题的青年公务员提供帮助

在 EAP 的整体项目中,心理咨询为青年公务员提供一对一的心理辅导,是心理干预的主要手段,尤其是对于一些有严重心理问题的公务员。通过个别当面咨询、电话咨询、网络咨询,帮助有心理问题的公务员缓解工作压力、解决夫妻感情等方面的问题,这种服务还面向这些青年公务员的直系亲属,使他们在心理层面自立自强,更加积极、从容地面对工作,以更健康、更积极的心态面对工作。

第三节 推进青年公务员人岗匹配管理

在青年公务员工作压力中,有一部分压力来自于工作任务压力、角色模糊压力,这些工作压力归根到底是人与事的匹配矛盾。服务型政府认为,青年公务员具有心理需求与性格能力的差异性,这就要求政府部门的人事管理者在人与事的矛盾中寻求最佳的动态平衡与匹配。人岗匹配理论则能很好地实现人与事的匹配,根据个体的能力将其安排在合适的岗位上,按能配岗;根据岗位要求的能级安排合适的人,因岗配人;用人之长、避人之短,做到人岗匹配,即把正确的人放在正确的岗位上,人岗匹配程度高的员工通常表现出较高的工作绩效和满意度,组织士气较高,协调顺畅。[1]

一、人岗匹配理论的基本内涵

人岗匹配(person-job fit)理论是指员工的个人特征和工作属性之间的一致性程度,并表现为两种不同的形式:需求—能力(D-A)匹配和需求—供给(D-S)匹配。[2] 西方学者 Kristof 和 Brown 对人岗匹配理论进行了系统的研究,他们发现需求—能力匹配是指员工的知识、技能和能力与他们的工作需求水平之间的兼容,而需求—供给匹配则反映了工作属性和报酬在何种程度上满足员工的心理需求或喜好。学者们认为,D-A 匹配和 D-S 匹配都是互补性匹配,即个体工作需要和心理需求的满足。[3] Cable 和 DeRue 认为,需求—能力匹配和需求—供给匹配结构不同,对员工的意图和态度有不同影响,同样的,Resick 等认为,需求—供给匹配、人—组织匹配和工作态度相关(如工作满意度)。需求—供给匹配与工作、职业为重点的结果相关(例如工作满意度、职业满意度、职业承诺)。[4] 人岗匹配理论不同于泰罗的科学管理理论,前者以满足个体工作及心理需求来提高工作效率,而后者把劳动者当作机器,设计标准动作以达成最高产值。人岗匹配广泛运用于组织理论研究以及企业管理的招聘、配置、职业生涯规划等人力资源实践。

---

[1] [美]埃文·伯曼,詹姆斯·鲍曼,乔纳森·韦斯特,等.公共部门人力资源管理:悖论、流程和问题[M].祁光华,译.北京:北京大学出版社,2008:132.

[2] Daniel M. Cable, Timothy A. Judge. Pay Preferences and Job Search Decisions: a Person-Organization Fit Perspective[J]. Personnel Psychology,1994(2).

[3] Daniel M. Cable,DeRue D. Scott. The Convergent and Discriminant Validity of Subjective Fit Perceptions[J]. Journal of Applied Psychology,2002(5).

[4] Resick C.J., Baltes B.B., Shantz C.W.. Person-Organization Fit and Work-Related Attitudes and Decisions: Examining Interactive Effects with Job Fit and Conscientiousness[J]. Journal of Applied Psychology,2007(5).

二、青年公务员实现人岗匹配管理的重要意义

人岗匹配可以满足青年公务员与政府部门的双重需求,构建服务型政府,政府必须不断提升回应性和公共服务效率,公务员成为政府提升回应性压力的承载者,公务员能力的高低直接决定着公共政策执行、服务效能输出的好坏,他们对地方政府政策以及岗位责任的认同性更深层次地影响着地方政府的整体管理水平。为了激发公务员的潜能,提高公务员的工作满意度进而提升公务员的工作效率,适应组织环境的快速变化,人本主义的政府人才管理体制改革迫在眉睫,新公共服务视野下的结构—人性平衡为政府人才管理机制改革提供了理论基础,整合组织利益与个人需求的人岗匹配则为服务型政府结构与人性平衡的制度实现提供保证。同时,我国地方政府部门及岗位设置相对规范完备,部门职责和岗位职责也有明确的文件规定,这为地方政府部门人岗匹配进行科学的测评、建模提供了坚实的基础;现代信息技术的发展为地方政府人岗匹配实现智能化人才配置提供了技术手段,这为人岗匹配理论在政府运用提供了可行性和有效性。由此,人岗匹配理论在满足我国地方政府人才管理创新诉求的同时,也满足了公务员的心理需求与能力需求。然而,国内学者还未涉足对人岗匹配在政府部门运用的理论及实践研究。

青年公务员从事的大多是具体的工作任务,工作量与质的要求更加细化与专业,所以对能力的要求更具体,这使得青年公务员人岗匹配显得更有意义。当然,任何组织的存在都必须服从于两个目标,第一是提供服务和产品;第二是在成员个人和组织中创造和分配更多的满意度。[①] 人岗匹配为平衡组织满意度和成员合作搭建了一座桥梁,提高青年公务员满意度,提升政府部门整体管理水平。

三、青年公务员人岗匹配的运用

人岗匹配管理落实到具体的政府管理情境中才显得更鲜活,所以本书在人岗匹配研究中,以南京市建邺区国税(以下简称建邺国税)为案例,对如何在政府部门实现人岗匹配管理进行细致深入的探讨。建邺国税实

---

① 黄焕山,刘帆.岗位匹配系统论[J].广东行政学院学报,2000(5).

行人岗匹配不仅仅针对青年公务员群体,还涵盖了整个公务员群体。

(一)构建流程

为了达成结构与人性平衡的制度构建,管理学家认为,人岗匹配系统构建一般分为四个步骤,即知岗(岗位分析)、知能(岗位胜任力素质分析)、知人(个人胜任力素质分析)、人岗匹配。[①] 任何完善的政府部门都是一个独立的系统,由若干个相互区别、相互联系、相互作用的岗位组成。一个岗位功能的大小是由它在组织中的工作性质、任务、繁简难易、责任轻重及所需资格条件等因素决定的。因此,构建人岗匹配的第一步是知岗,即进行岗位分析与评价,对岗位进行具体梳理与描述,编制岗位说明书;依据每个岗位的功能大小,通过评价,使其分别处于相应能级的位置上,从而形成一个有效的岗位能级结构。第二步是知能,即构建岗位的胜任力结构模型,建立岗位胜任力模型档案。我国公共管理领域的胜任素质研究相对抽象,包括公务员通用能力、某个地域某个级别公务员的胜任力素质模型,而把胜任素质结构与人岗匹配相结合,在我国地方政府胜任力理论研究及实践运用中尚属首例,这也是本书进行的创新性探索。第三步是知人,即在岗位胜任力模型基础上,对岗位承担者进行个人能力测评,建立个人能力结构,建立个人能力信息档案。第四步是人岗匹配,构建人岗匹配模型,完善人才信息系统,以此作为培训、绩效考核以及人员配置的重要依据。基本流程如图11所示。

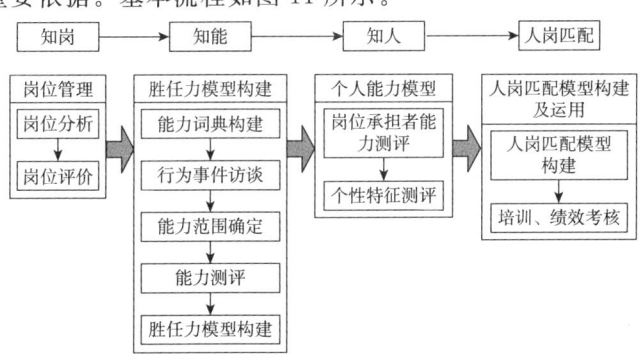

图11　建邺国税知岗—知能—知人—人岗匹配框架

---

① 黄焕山,刘帆.岗位匹配系统论[J].广东行政学院学报,2000(5).

(二) 具体建设

1. 知岗:岗位能级结构构建

(1) 调整规范部门(团队)职责。根据上级主管部门提出的深化税源专业化管理的指导思想,建邺国税调整了部门设置与部门职责,划分两个基础税源管理科,负责重点企业的事项,类似于企业的 VIP 客户服务部门,同时增设情报管理、风险分析识别、风险应对管理、风险应对实施等四个专业化管理团队进行风险应对管理。为了进一步提高服务效率,对业务操作规程进行了梳理,把对外服务事项根据依申请即办事项和依申请非即办事项进行划分,依申请即办事项由办税服务厅直接办理审批,部分依申请非即办事项的调查核查环节后置,缩短优化服务流程,提高对外服务满意度。

(2) 评估确定岗位能级。为了实现岗位的能级管理,打破行政级别对岗位管理的束缚,建邺国税对岗位进行能级评估。岗位分析是岗位能级评估的基础性工作,根据部门(团队)职责调整规范结果,对现有岗位进行梳理、整合、归并,确定岗位目录,编制岗位说明书,对工作关系、岗位职责、工作标准进行了标准化、规范化梳理,明确岗位职责,规范岗位工作标准和流程。在岗位分析的基础上,根据岗位的工作难度、强度以及风险程度三个因素,设计了管理纵深度、创新性程度、内控风险评级等 6－10 项指标,对岗位的等级进行综合评定,局里建立岗位评估委员会,根据岗位说明书,对评估量表打分,划分出高级、中级、普通三个层次的岗位级别,在局里构建高级、中级、普通的能级比例为 2∶6∶2 的岗位能级模型。

2. 知能:胜任力模型构建

(1) 界定建邺国税能力范围。以市局"素质能力规范框架"为基础,按照基本能力、综合能力、专业能力三种能力界定建邺国税的能力,基本能力和综合能力以原国家人事部于 2003 年下发的《国家公务员通用能力标准框架(试行)》中提出的中国公务员 9 项通用能力、国家税务局课题组《税务部门公务员岗位职责规范研究报告》为参考依据,专业能力以参加税务系统相关专业知识培训、履行岗位所需的专业技能为依据,共确定了 3 种基本素质、10 种综合能力、11 种专业能力共 24 种能力(见表 23)。每个能力划分为专家级（A级）、高级（B级）、中级（C级）、初级（D级）四个等级，界定每个能力的内涵及等级评价标准，制定出直观清晰的评价标准。

表23 建邺国税素质能力范围（节选）

能力素质类型	能力素质	能力素质来源
基本素质	政治鉴别能力	原国家人事部于2003年下发的《国家公务员通用能力标准框架（试行）》提出的中国公务员9项通用能力，国家税务局课题组《税务部门公务员岗位职责规范研究报告》
	学习能力	
综合能力素质	依法行政能力	
	沟通协调能力	
岗位技能素质	税务稽查能力	参加税务系统相关专业知识培训、履行岗位所需的专业技能；实际税务工作中应该具备的专业技能
	涉税风险管理能力	

（2）行为事件访谈修订素质能力范围。为了对建邺国税的能力词典进行补充与修订，专家组又遴选了其中5位绩效优秀的核心骨干公务员进行了访谈，采用行为事件访谈法，让每位访谈对象描述工作中最成功的和最不成功的三件事情，通过对访谈记录的编码，提炼出了决定岗位优秀的关键能力，部分验证并补充了建邺国税素质能力词典。

行为事件访谈法（节选）

记录一
岗位：副科长
工号：＊＊＊
从事本岗年限：约5年
访谈内容：首先，在专业方面，本人比较喜欢在工作中发现问题，并善于进行总结，在刚开始接受岗位工作的时候是吃力的，但在随后的工作中，我对其他同事的工作方法进行了归类，并分别加以学习和研究（学习能力）。另外，我在评估岗位工作期间也进行了3到4个案例分析，从案例中对岗位技能加以学习（政策业务能力）。最终，我主持建立了一套成本分析的模型（现代信息技术运用能力）。该模型具有指向性的重要意义，通过该模型，工作效率得到明显提升（创新能力）。

(3) 360度测评岗位能力。编制岗位能力的标准问卷,采用等级式标度和数量式标度相结合的方式,让每个岗位的直接上级、同级以及直接下级对岗位进行测评。科长岗位素质能力为三个层面的测评汇总,其中局领导占50%,科所长占20%,科内干部占30%。一般干部个人素质能力为两个层面测评汇总,其中科所长占60%,科内干部占40%,并以私密函件形式与岗位承担者见面,征询意见,进行适当修正。

(4) 确定岗位胜任力素质模型。专家组确定建邺国税岗位胜任力素质模型结构,科级干部的胜任力模型界定为六种胜任力,基本能力、综合能力和专业能力的结构为1∶2∶3,一般干部的胜任力模型界定为四种胜任力,基本能力、综合能力和专业能力的结构为1∶1∶2。统计出岗位素质能力得分,按照类别,从高分到低分进行遴选,构建每个岗位的胜任力素质模型。

3. 知人:个人素质能力测评

沿用岗位的素质能力测评问卷、测评主体和权重,对岗位承担者即公务员进行测评,统计得出岗位承担者能力结构,统计出公务员的岗位胜任力模型得分。这个环节只是把知能的操作流程又进行了一遍,但是这次测评对象是公务员,所以整个操作过程严格保密。

4. 人岗匹配:岗位能力与个人能力的配比分析

从公务员的个人层面,把岗位胜任力等级和个人能力等级进行对比,比较干部个人的素质能力与其从事岗位的胜任力要求之间是否匹配,画出每个岗位的人岗匹配模型图,寻找出个人能力等级与岗位胜任力有明显差距的胜任力。表24是某岗的人岗匹配模型图,由此可以看出,这个岗位及岗位承担者的能力是基本匹配的,岗位对沟通协调能力及学习能力的要求较高,都为A级。但是岗位承担者的沟通协调与学习能力为B级,与岗位胜任力有差距。以人岗匹配模型图为基础,从区局整体层面出发,统计出全局人岗匹配人数,分析目前建邺国税的人才匹配状况。

表24 某岗人岗匹配模型(范例)

能力素质	等级			
	A	B	C	D
沟通协调能力	★	☆		
公共服务能力		★ ☆		
创新能力		★ ☆		
执行能力	★ ☆			
心理调适能力		★ ☆		
学习能力	★	☆		
依法行政能力	★ ☆			

注：实星表示岗位要求的胜任力框架，虚星表示岗位承担者目前的能力框架现状。

四、建邺国税人岗匹配系统的运用与成效

过去，建邺国税的人力资源管理是传统的管理模式，科学化、现代化程度不够，没有把公务员作为人力资源开发与激励，更没有在组织层次上以服务纳税企业为导向进行职能转变。经过人岗匹配系统建设后，建邺国税运用人岗匹配系统对组织的人员配置、教育培训、职业生涯管理进行了改革，建立了以人岗匹配系统为中心，以人员配置、教育培训、职业生涯管理为重点的现代化人力资源管理体系，推进智能化人才管理，完善运行框架和配套机制，使得人岗匹配系统带动其他人力资源环节，各环节相互制衡、相互促进。通过这些管理机制的推进，建邺国税的人才配置更加灵活，公务员普遍感觉管理更加规范化、人性化、合理化，公务员办事效率提高，公众满意度也随之提升，建邺国税的整体公众形象得以提升。

1. 优化人员配置方法

建邺国税运用人岗匹配的岗位能级评价成果，针对高级、中级、普通三级岗位划分，考虑各级别岗位特性，对不同配置方法加以组合，分级别进行人岗配置，结合人才信息库中的岗位说明书、人岗能力比较图，实施不同的人员配置方法，在人岗基本匹配的情况下，高级别岗位采用竞争上岗、组织配置、部门推荐、双向选择相结合的方式进行人员配置；中级别岗

位采用以组织配置为主、部门推荐为辅的方法;普通级别岗位则根据前两个级别的岗位配置情况由组织进行统筹配置。依据建邺国税高级、中级、普通三个层次能级比例为2∶6∶2的岗位分布体系,确保高级别岗位优先配置,中级别岗位、普通级别岗位依次配置,使得人适其岗、事得其人。

2. 教育培训计划个性化

建邺国税运用人岗匹配系统对教育培训机制进行了改革。根据人才信息库中岗位胜任力的要求,以及岗位胜任力与个人能力的差距,制订有针对性、个性化的培训计划,参照高校学分制度,建立学分制教育培训模式,学分由必修课学分与选修课学分两部分构成。其中,必修课包括公共课程和专业课程两部分,主要是针对个人能力中的基本能力、综合能力和专业能力设置的课程。选修课包括发展课程和素养课程两部分,分别基于个人能力与岗位胜任力的差距的提升要求、个人职业发展需要等。年底统计每位公务员的学分,以此作为人才信息库中个人能力修正的依据。

3. 轮岗交流机制灵活化

建邺国税人事部门根据定期更新的人岗匹配系统,针对干部个人素质能力的变化和岗位职责的变动,定期或适时开展轮岗、调岗。3—5年给予干部一次轮岗交流的机会;人事部门分析岗位适应性和岗位需求调查,收集换岗信息,对不能适应岗位的人员,调整到较低级别岗位或再培训上岗,保证做到人岗匹配,为公务员职业生涯的多途发展提供参考。

4. 人才信息管理智能化

聘请计算机专家设计建邺国税人才信息系统,把岗位说明书、岗位能力评价系数、人岗匹配模型图进行汇总,编制建邺国税人才信息软件,形成建邺国税人才信息库。运用人才信息库实现人才的素质档案管理,建立每位人才的素质能力报告、年底绩效管理等级、个人教育培训情况、个人职业生涯发展路径等;运用人才信息库实现人才的筛选功能,当组织上需要某方面单项素质能力时,可以通过数据排序,即对各种能力按照得分从高到低的顺序进行排列,筛选出具有最强单项能力的人才,为人才配置和选拔提供依据和参考。

五、建邺国税人岗匹配系统建设的经验与启示

(一)系统建设出现的问题

1. 推进阻力较大

建邺国税的人岗匹配系统基于现代化税务、税源专业化管理,对部门结构及职责、岗位结构及职责进行了改革,改革必将涉及部分公务员的部门、职务、岗位等因素,不可避免地触动了现实利益,会伴随着"不同声音",尤其是进行人岗的优化配置环节,推进阻力较大。

2. 预期与现实有差距

人岗匹配系统在构建过程中没有充分估算出可能出现的主观偏差,使得在模型构建初期,部分岗位的人岗匹配对比模型不符合实际情况,预期的结果与现实有了差距,这个因素一度阻碍了人岗匹配系统的构建进程。

(二)应对策略

1. 系统建设体现科学化与人性化的协调发展

当系统的制度设计涉及公务员的岗位、职责变动时,充分体现专业科学的同时也要考虑公务员的实际情况和可能出现的心理问题,针对个别有思想包袱的干部提供专业心理疏导,实现公务员心理软着陆。为了克服测评出现的偏差,系统构建的能力范围界定尽量达到精确清晰,测评前进行试测评,对测评主体进行培训,把偏差控制在合理的误差内,纠正模型构建初期出现的问题。

2. 系统建设的推进需要领导的强势推动

当系统建设与运用遇到阻力时,需要一把手的强势推动和决心。建邺国税在市局领导的支持下,局长亲自挂帅主持税源专业化管理改革推进会,确定专业团队方案、岗位调整方案,在局长的强势推动下,人岗匹配系统得以顺利推进。

3. 系统运用要和其他人力资源管理环节改革相配套

建邺国税人岗匹配系统实现了人才信息库的智能化管理,但是如果

区局其他人力资源环节,如教育培训、人员配置、绩效考核等还是以传统的模式存在,那么,人岗匹配系统不能对现代化税务管理发挥任何作用,所以要发挥人岗匹配系统的功效,需要借助于信息系统对教育培训、人员配置、绩效考核等进行一系列配套改革,用人岗匹配信息系统带动整个区局人事管理系统的改变。

六、人岗匹配管理对青年公务员的帮助与启示

人岗匹配系统构建是建邺国税现代税源专业化人力资源管理的创新与尝试,也是我国地方政府部门创新人才管理机制的积极探索,是以回应公众、提升服务效能为价值导向,从传统人事行政管理的非人格僵化的行政人性,到现代化人事行政管理的关注工作与心理需求的行政人性的制度与结构转变,以实现结构与人性的动态平衡为目标,通过公务员人岗匹配,提高公务员工作满意度、工作绩效,以加速政府职能转变进程,推动成熟的现代化服务型政府构建。

青年公务员首先是人岗匹配的受益者,在岗位能力设置时,个人能力较强的青年公务员可以脱颖而出,打破年龄资质对青年公务员的限制,把青年公务员配置到高等级别岗位上去,实现能力与岗位的匹配。同时,岗位职责的梳理让青年公务员明确角色定位与工作任务定位,岗位能力与个人能力的动态测评,帮助青年公务员实现教育培训、职业发展的组织选拔与个人选择。

第四节 基于胜任力的青年公务员培训体系构建

随着我国经济社会改革的纵深发展,知识、技术及政策法规不断更新,公务员在政府管理工作中所面临的问题越来越复杂,挑战越来越艰巨,通过培训学习来提高自己的能力素质,提高岗位胜任程度,已经成为公务员接受教育培训的重要目的。研究结果表明,青年公务员的胜任力对工作压力与绩效具有调节作用,也就是说,提高胜任力可以降低公务员的工作压力。如上所述,当出现岗位承担者不具备岗位要求的胜任力时,

公务员将寻求提升胜任力的实现路径,其中最为有效的渠道便是教育培训。基于胜任力的培训体系,可开拓青年公务员职业发展的方向。良好的培训体系不仅可以减缓工作压力,如职业发展压力、工作任务压力,更深层次的意义在于通过提升岗位胜任力以促进青年公务员职业生涯的发展。

一、我国公务员培训体系的演变

1. 公务员培训的政策脉络

1996年6月5日印发的《国家公务员培训暂行规定》对我国公务员的培训进行了系统的规定,要求公务员培训工作科学化、制度化、规范化,建设高素质的公务员队伍;2005年颁布的《中华人民共和国公务员法》为我国的公务员培训奠定了法律基础,其中第十章第六十条规定公务员有享受培训的权利,规定机关根据公务员工作职责的要求和提高公务员素质的需要,对公务员进行分级分类培训。为了进一步贯彻《中华人民共和国公务员法》对于公务员培训的要求,2008年6月27日由中共中央组织部与人力资源和社会保障部联合颁发了《公务员培训规定(试行)》,提出了公务员培训应当遵循理论联系实际、以人为本、全面发展、注重能力、学以致用、改革创新、科学管理的原则,第一次把"能力"引入了公务员培训的政策法规中。2011年4月,人力资源和社会保障部、国家公务员局颁布了《2011—2015年行政机关公务员培训纲要》(以下简称《纲要》),《纲要》规定,"通过培训,使公务员的道德水平、能力素质和作风修养进一步提升"。《纲要》规定公务员:"任职培训要注重提高参训率,研究制定处长、科长公务员任职能力标准和培训大纲,建立统一管理、统一标准、分级培训的任职培训模式。专门业务培训要突出前瞻性、实用性,重点提高公务员的业务工作能力。"《纲要》在规定的基础上,进一步提出了注重能力培训、把任职能力与培训相结合的要求。由此可见,我国政府从20世纪90年代开始便对公务员培训做了明确的法规规定。随着2008年把能力概念引入公务员培训的法规中,能力概念在公务员培训中逐步受到关注,并对公务员能力培训的素质要求进行了更加细致的规定,这些法律法规对我国地方政府的公务员培训作出了战略性指导,从公务员培训制度上体现了我国政府由统治型政府向管理型政府、服务型政府的转变,加强政府内部人事培训机制的效率与针对性,通过提高公务员能力来达到提高政府效能的目标。

2. 公务员培训的研究回顾

早在20世纪90年代,我国学者就开始关注公务员培训中的能力概念,尹继位介绍了英国高级公务员培训新取向,即能力本位。20世纪80年代初期,英国政府将"能力本位教育与培训"引进职业教育改革方案;20世纪90年代初又将高级公务员的培训重点定位于"能力本位",并由国家指导开发了统一的能力基准,在此基础上建立起高级公务员的能力本位培训体系,并将其作为英国行政改革的核心内容之一。[①] 宁宁在对公务员培训的方法创新中认为需要建立实现能力本位培训的方法优化机制,能力本位培训 CBT(Competence Based Training)起源于美国,是一种注重提高能力和培训结果运用的培训模式。[②] 我国政府可以借鉴世界培训教学的先进经验,探索引进案例教学、情景模拟、拓展训练、考察实习等新的培训方式方法,丰富培训内容,将培训尽快从知识灌输型转变为能力提升型。孔春梅把职业发展作为公务员培训激励的动力器,认为政府机关要通过职业发展的激励来保证公务员参加培训的积极性,主要措施有树立与公务员共同成长的人本理念、采用适当方式监督检查公务员培训制度的落实情况,通过培训,提高能力、改变行为。[③] 饶伟国、肖鸣政从公务员培训的参与动机入手,对公务员参与培训的动机程度和类型进行实证分析,发现公务员培训的参与动机的六个取向,分别是:组织影响、人际关系、社会环境、认知兴趣、职业发展、本职工作,其中认知兴趣取向属于内部动机,而其他五个取向都属于外部动机。认知兴趣取向的动机水平低于其他动机取向,这反映出公务员参与培训的动机很少来自对学习本身的兴趣、对知识的渴望,而是受到外部的压力和刺激去参加培训。[④] 何丽君指出,基于胜任力的培训设计与传统的培训设计有两个不同之处:

---

① 尹继位.能力本位:英国高级公务员培训新取向[J].中国行政管理,1997(11).
② 宁宁.论公务员培训的创新[J].中国行政管理,2007(11).
③ 孔春梅.基于职业发展视角的公务员培训激励机制研究[J].中国行政管理,2007(7).
④ 饶伟国,肖鸣政.公务员培训参与动机分析[J].管理世界,2007(10).

其一,注重深层胜任特征,基于胜任力的培训设计从一般培训设计中的关注表层特征深入到公务员的深层特征;其二,关注经验分析,基于胜任力的培训设计更偏向于经验分析,提倡"内隐"学习模式,基于经验分析之上寻求和发展获取"内隐知识"的最佳形式。① 孙建丽在谈到上海市公务员培训的创新时,提出了突出能力培训,使能力本位的培训理念与实践成为公务员培训的目标与路径选择。从上海市公务员能力培训的改革和创新方向来看,以公务员通用能力标准为参照,针对当前公务员队伍能力建设方面存在的薄弱环节和亟须加强的方面,将落脚点放在切实提高他们履行岗位职责的能力上,从培训目标的确定、培训类型的划分、培训课程的设置、培训方法的运用到培训效果的评估等宏观和微观层面作出多方面的不懈努力。② 杜保友、孔祥利以美国、加拿大、英国、法国和新加坡五国为例,对国外公务员培训质量评估进行了经验性介绍和论述,在国外的训前评估是以素质测评和需求调研为重点,重视素质测评,建立学前素质测评,主要是为了深入了解学员与培训项目相关的素质状况、技能差距,以便量体裁衣式地开设各种培训课程。③

综上所述,学者们提出了以胜任力为核心的公务员培训方法创新,讨论了基于胜任力的公务员培训特征、授课方式等具体细节,但是没有构建一个系统的以能力为核心的公务员培训模型,更没有对青年公务员的能力培训体系进行构建。

二、基于胜任力的青年公务员培训体系构建

基于胜任力的青年公务员培训体系以能力测评为基础,建立岗位胜任力模型,根据胜任力素质模型进行人岗匹配,如果人岗匹配,也就是说公务员能力达到岗位胜任标准,教育培训则以提升公务员职业生涯为关键点,着力于通过综合能力培训增强公务员的宏观管理能力,为职位竞争、岗位轮调做前期准备;如果人岗不匹配,也就是说公务员能力没有达

---

① 何丽君.公务员培训设计新视角:基于胜任力[J].中国人才,2009(17).
② 孙建丽.公务员培训制度完善方向探析:基于上海市公务员培训实践的研究[J].行政论坛,2011(3).
③ 杜保友,孔祥利.国外公务员培训质量评估制度的经验借鉴与启示:以美国、加拿大、英国、法国和新加坡五国为例[J].湖北行政学院学报,2011(4).

到岗位胜任标准,教育培训则以提高公务员的能力短板为关键点,着力于岗位技能培训以提高公务员的岗位匹配度,实现人岗匹配。根据岗位胜任力的综合能力和专业技术能力,编制具体、可操作、与工作实践紧密相连的培训教案,采用讲授法、情景模拟法、实际工作指导等多样化培训方法,提高培训的效果与质量,实现培训迁移,通过提高岗位胜任力达到减缓青年公务员工作压力、提高工作效率的目的(见图12)。

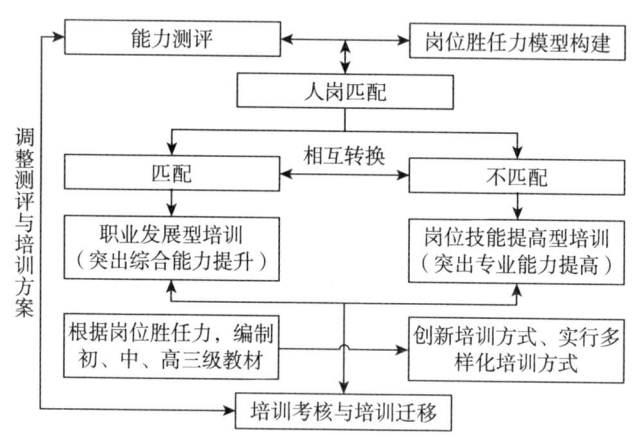

图12 基于胜任力的青年公务员培训理论框架

三、以胜任力为核心的青年公务员培训体系实现的困境

根据笔者在政府机关的调研结果,以胜任力为核心的青年公务员培训体系在实践操作中有很大的难度,尤其是在一些基层政府机关。

1. 能力测评及人岗匹配工作专业技术难度较高

胜任力的获得是能力测评的结果,能力测评、岗位胜任力及人岗匹配需要专业的人力资源知识支撑,这对于一些基层单位,如乡镇等地区操作难度较大,基层公务员日常工作较琐碎、繁杂,缺乏时间和专业的人才从事这项工作。一些行政等级较高的单位,如省、市级单位,虽然可以借助外聘专家进行人岗匹配项目操作,但是政府机关特定的组织文化决定涉及一些岗位调整或人员评价都是较敏感话题,所以不可避免地遭到一部分公务员的排斥,工作推进阻力较大。

2. 综合能力通过培训提高具有较高难度

在岗位胜任力模型中,专业技术能力属于技能型培训,短期内提高较快,效果明显,但是综合能力培训属于综合素质类培训,如执行力、学习力等,有些属于公务员天生的性格使然,在短期内通过培训提高的空间较小,效果不明显。培训效果较难评估,导致组织认为综合能力培训只是政府的形象工程,青年公务员参加综合能力的培训积极性不高。

3. 能力培训体系与其他人事机制脱节

培训是人力资源管理中的一个环节,基于能力的培训体系是为了提升青年公务员与岗位密切相关的综合能力与专业能力,但是最终目的还是为了人岗最佳配置、职业发展的顺利进行,但目前很多政府部门的能力培训成为形象工程,流于形式,实质上没有成功将培训与绩效考核、薪酬、职务晋升相挂钩,这样培训就犹如空中楼阁,没有意义。

四、基于胜任力的青年公务员培训体系有效实现的关键因素

政府机关的顶层设计与推进、培训体系的细化和可操作化、培训体系与其他人事管理制度相对接是基于胜任力的青年公务员培训体系有效实现的三条路径。

1. 政府机关的顶层设计与推进

目前,在我国的一些政府机关的培训体系中,早就开始就岗位技能进行培训,但是通过能力测评,根据客观的测评结果进行培训体系构建,因操作难度较大,只有很少的机关实施。青年公务员以能力为核心的培训体系子系统,倾向于岗位适应度以及职业发展的目标取向。中央组织部、人事部虽然把能力概念提到了公务员培训的法规中,但是没有就如何实施以能力为核心的公务员培训体系制订方案,我国任何一项人事行政体制都是自上而下的,虽然有些政府部门通过试点、创新,取得了良好的效果,但是大范围推广还要依赖于中央组织部、人社部的顶层设计,从国家战略层面上推进基于能力素质的公务员培训体系。

2. 培训体系的细化和可操作化

以能力为核心的公务员培训体系在具体操作时主要存在两个问题:

一个是人岗匹配的操作问题,一个是能力培训课题的设计问题。人岗匹配操作的标准流程可以通过借助外聘专家或政府组织编制而成,而人岗匹配的结果在培训中的运用则需要单位领导的推动,这在上一节已论述过,不再赘述。根据岗位的能力短板或某单位的通用能力进行培训课程设计,岗位技能培训通过讲授、实践便可看见成果,通用能力教案设计则是难点,可通过价值观型知识讲授来实现,还可以以组织文化核心价值观为导向,对公务员的行为方式进行培训,在整体层次上营造一种学习能力、执行能力强的组织文化,带动个体公务员的行为改变。

3. 培训体系与其他人事管理制度相对接

在政府部门的实际培训中,有些公务员是被动地参与组织上的安排,没有内在的学习主动性,缺乏内在提高的需求,这在面临职业发展瓶颈的青年公务员中尤为普遍,适当地引入激励和控制因素,可以激发青年公务员的培训热情。能力培训体系的目的除了提升公务员的岗位胜任力外,还有提升公务员的职业发展、提高绩效的目标。公务员培训的效果评估可以作为晋升的参考依据,作为学习能力测评的衡量标准,在绩效评估中还可以加入培训的考核环节,让教育培训与晋升、绩效评估紧密相连。有些专业技术较强的政府部门,把能力培训与执业资格培训相结合,如获得某些执业资格的专业技术能力培训。

第五节　人本化管理模式下青年公务员职业生涯的困境与突破

职业生涯发展压力是青年公务员的主要压力源,本书在人本化管理模式下对青年公务员职业生涯发展的困境以及如何突破进行了探索性研究。职业生涯是个体在从事职业的过程中,不断探索、选择或放弃职业机会并最终实现自身价值的过程。从组织层次上说,职业生涯管理是指组织为了实现自身目标,根据组织中员工的能力、性格和职业发展兴趣的差异性,通过制定系统的个性化职业规划以帮助个体在组织中成长,实现自身职业价值的过程。从个体层次上说,职业生涯管理是指个体为了实现自身职业发展目标,通过清晰的自我认知与自我管理,依附于组织提供的职业发展路径而不断探索、成长的过程。党的十八大报告指出:"深化干部人事制度改革,建设高素质执政骨干队伍,加大培养选拔优秀年轻干部力度。"在党的十八大报告战略思想指导下,青年公务员的培养与规划成为干部人事制度的可持续增长点。

一、国内外青年公务员职业生涯的演变

(一)国外青年公务员职业生涯实践与理论研究现状

在实践层次上,欧美国家政府公务员的职业生涯经过几百年的发展有着相对完善的体系。美国公共部门高度重视政府雇员的职业生涯管理,采取的主要措施是与政府雇员共同制作雇员职业发展计划书,政府与雇员共同对公务员的技能进行评估,测评雇员发展的能力,确定雇员的职业发展偏好,确定雇员个人近期和长期的工作目标,帮助可能晋升的雇员晋升到更高职位或取得进一步发展所需要的资格。德国公务员职业生涯发展管理中最具代表性的是"双轨道晋升管理模式",根据《德国公务员法》,德国公务员职业生涯通道(又称为职业生涯线路)主要采用双轨道的管理模式,即晋升的方式主要有职务晋升和职级晋升两种。实行品位分类的法国对公务员职业生涯管理的亮点在于实行职位与职等相分离,一旦进入一个职等,公务员就有权获得一个与这个职等相符的空缺岗位,即使这个公务员所在职位被取消,他的等级也不会发生变化,他将被委派到另一个与其等级相应的职位上去,这种模式可以为公务员在同一个职等内的岗位配置提供便利。

在理论层次上,Egger对美国公务员的职业生涯发展[1]、Wolfgang对欧洲公务员的职业生涯发展[2]、Suciu等对罗马尼亚的基层公务员在公共

---

[1] Rowland Egger. Civil Servants at Mid-Career: Management Training in American Universities[J]. Public Administration, 1976(1).

[2] Wolfgang Mayrhofer, Michael Meyer, Alexandre Iellatchitch, et al.. Careers and Human Resource Management: a European Perspective[J]. Human Resource Management Review, 2004(4).

管理(LPA)中实现职业生涯发展进行了实证研究,发现县、市级公务员想要获得职业生涯的成就感和满意度非常困难。[①]

(二)国内青年公务员职业生涯实践与理论研究现状

1. 公务员职业发展的政策脉络

我国政府一直在探索多途径的公务员职业发展模式,2005年颁布的公务员法第十九条规定:公务员在同一职务上可以按照国家规定晋升级别,第一次以法规形式规定了公务员职务不升但可晋级。2009年,中共中央办公厅颁布的《2010—2020年深化干部人事制度改革纲要》第七条规定:完善干部职级晋升制度,探索依据德才表现和工作实绩晋升职级的相关政策,实行干部职级与待遇挂钩,强化职级在确定干部工资、福利等方面的作用。由此,干部的"双轨制"职业发展政策脉络形成。2012年,党的十八大报告中提出加大培养选拔优秀年轻干部力度的方针,成为青年公务员职业生涯发展管理的战略性指导。

2. 公务员职业发展的研究现状

国内学术界对于我国公务员职业发展的研究比政策层面上的规定要丰富得多,而青年公务员职业生涯管理研究也涵盖其中。在对我国公务员职业发展提出的模式构建上,归纳为三个流派:第一是能级说,具有代表性的是丁刚、宋斌的研究,他们认为推行能级管理机制,依据公务员能力的大小、绩效的优劣、资历的深浅等要素内容综合评价公务员一段时期内的能级等次,实质上新辟出一条并行于职级晋升制度的升迁渠道,拓宽了公务员职业生涯纵向晋升通道。[②] 第二是专业技术职称说,具有代表性的是梁丽芝、郑凤娇的研究,他们提出了整合专业技术职务、综合管理类领导职务、综合管理类青年公务员的"八级三通道"职业发展路径。[③]

[①] Veres Vicentiu, Mare Codruta, Suciu Leonina, et al.. Local Public Administration Career Seen Through the Eyes of Public Servants[J]. Managerial Challenges of the Contemporary Society,2011(2).

[②] 丁刚,宋斌.能级管理:拓展公务员职业生涯纵向通道的有效途径[J].人才资源开发, 2005(4).

[③] 梁丽芝,郑凤娇.中国专业技术类公务员职业的发展路径[J].求索,2007(2).

第三是职务与职级双轨制,除了国家的相关法律法规外,具有代表性的是戴良铁的研究,他早在2007年就提出了职务与职级双轨制的大胆尝试与探索。[①] 对于公务员职业发展的实现路径研究,可以总结为五条路径:第一是设立公务员职业锚,加强公务员职业生涯指导,如韩叶盛、陈文龙从"职业锚"理论角度,将公务员分成技术职能型、管理型、安全稳定型、创造型、自主独立型,对公务员职业生涯管理进行"多元一体"的思考。[②] 第二是建立规划支持体系,通过建立理论支持体系、文化支持体系、信息支持体系、培育支持体系、评价和反馈支持体系来为公务员个人职业生涯规划提供支持。[③] 第三是加强人岗匹配,如金冬梅、李业昆在论述青年公务员职业生涯导航设计时,提出了先进行人岗匹配分析,再对青年公务员进行职业生涯规划。[④] 第四是加强教育培训,完善培训激励机制。通过培训提高综合能力和业务技能,为职业生涯规划提供必备条件。[⑤] 第五是建立职业生涯咨询系统,由单位领导者和职业研究专家为所属的公务员提供职业咨询。[⑥]

综上所述,西方公务员职业生涯发展模式注重行政人性的能力、性格的差异性,如美国公务员的职业生涯规划考虑到了纵向职务晋升通道不畅时的弥补,法国政府对公务员实行职等与职位相分离以及德国公务员的双轨道晋升管理模式。西方相对严格规范的功绩制晋升考核都是值得我国政府人事管理借鉴的。在实践层面上,我国公务员纵向职业生涯发展通道除了职务晋升,还推行了职务与职级的双轨制职业发展;在研究层面上,我国提出了多元化的纵向晋升通道模式来弥补公务员职业生涯发展通道单一的弊病。中西方政府对青年公务员职业生涯研究相对薄弱,还没有形成完善的、体系性的职业生涯发展模式构建与路径选择。

---

① 戴良铁.国家公务员职务职级双轨制的探索[J].管理世界,2007(5).
② 韩叶盛,陈文龙.基于职业锚理论的我国公务员职业生涯管理研究[J].北方民族大学学报(哲学社会科学版),2009(6).
③ 梁文懋,杨龙兴.我国公务员职业生涯规划支持体系建设刍议[J].江西社会科学,2006(8).
④ 金冬梅,李业昆.青年公务员职业生涯导航设计[J].中国人才,2009(15).
⑤ 黄婷婷.论我国公务员职业生涯管理的现状与对策[J].襄樊职业技术学院学报,2007(4).
⑥ 胡丽文.浅谈公务员职业生涯咨询系统的构建[J].求实,2006(A1).

二、青年公务员择业动机调查

择业动机基于个体的职业价值观,职业因素的吸引成为个体选择职业的内在驱动力。公务员作为我国最热门的职业之一,各种人才选择进入公务员系统的动机来自于公务员职业本身的工作特征和工作因素。公务员拥有稳定的劳动关系、较好的收入、丰厚的福利待遇和较高的社会声誉,这是公务员职业的外在因素;除此之外,公务员还有规范的晋升路径、职位赋予的权力资源等,这些也是对职业的权力要求比较高的职业群体所寻求的。田蕴祥通过实证研究认为,公务员的择业动机是多重性质的,并且同时存在,不会相互抵触,既是重视公共性价值的公共人,也是重视个体性利益的经济人。[①]

(一)调查问题设计

对46名青年公务员进行开放式访谈,其中一个问题是:"你当时报考公务员,认为公务员最吸引你的是什么?"对访谈对象的回答进行了整理后,确定了六个青年公务员择业动机,即公务员职业稳定、公务员职业社会声誉好、公务员收入高、公务员职业可以建立很好的社会网络、公务员拥有权力、公务员的福利好。

(二)数据分析结果

1. 青年公务员择业动机的现状分析

由表25可以看出,青年公务员认为最吸引他们的公务员职业因素是公务员职业的稳定性,排在第二的是公务员良好的社会声誉,排在第三的是公务员的福利好,与第三只差一个样本量的是排在第四的建立社会网络,排在最后的是决策权因素。

---

① 田蕴祥.他们为什么想当公务员:不同世代地方政府公务员择业动机比较之实证研究[J].中国青年研究,2011(11).

表 25 青年公务员择业动机排序

序号	职业动机	样本量	百分比(%)
1	职业稳定	949	88.9
2	社会声誉	399	37.4
3	福利好	125	11.7
4	建立社会网络	124	11.6
5	收入高	71	6.6
6	决策权	60	5.6

2. 性别对青年公务员择业动机的影响

由表 26 可以看出,男性与女性都很看重职业稳定性与社会声誉,但是对于男性而言排在第三位的是福利好,对于女性而言排在第三位的是建立社会网络。

表 26 青年公务员性别择业动机性别差异性比较

男性			女性		
职业动机	样本量	百分比(%)	职业动机	样本量	百分比(%)
职业稳定	543	85.4	职业稳定	404	94.0
社会声誉	258	40.6	社会声誉	140	32.6
福利好	80	12.6	建立社会网络	54	12.6
建立社会网络	70	11.0	福利好	45	10.5
收入高	49	7.7	收入高	22	5.1
决策权	43	6.8	决策权	17	4.0

3. 入职前的工作情况对青年公务员择业动机的影响

由表 27 可以看出,入职前的工作情况对青年公务员择业动机的影响不大,排在第一、第二位的依然是职业稳定和社会声誉,与总体样本的排序略有不同的是,村干部把建立社会网络排在第三位。

表27 青年公务员择业动机与入职前工作背景差异性比较

序号	应届大学生(N=463)		村干部(N=40)		职员(N=300)	
	职业动机	样本量	职业动机	样本量	职业动机	样本量
1	职业稳定	409	职业稳定	37	职业稳定	271
2	社会声誉	173	社会声誉	18	社会声誉	119
3	福利好	56	建立社会网络	9	福利好	39
4	建立社会网络	45	福利好	7	建立社会网络	34
5	收入高	28	决策权	5	收入高	21
6	决策权	27	收入高	4	决策权	19

4. 职位分类对青年公务员择业动机的影响

由表28可以看出,职位分类对青年公务员的择业动机没有显著影响,排在第一、第二位的择业动机是职业稳定和社会声誉,A类公务员排在第三位的择业动机是建立社会网络。

表28 青年公务员择业动机与职位分类差异性比较

序号	A类(N=497)		B类(N=382)		C类(N=188)	
	职业动机	样本量	职业动机	样本量	职业动机	样本量
1	职业稳定	450	职业稳定	329	职业稳定	169
2	社会声誉	182	社会声誉	147	社会声誉	69
3	建立社会网络	62	福利好	53	福利好	20
4	福利好	52	建立社会网络	43	建立社会网络	19
5	收入高	26	收入高	30	收入高	15
6	决策权	24	决策权	27	决策权	9

(三)青年公务员工作满意度调查结果

1. 青年公务员最满意的工作因素

青年公务员最满意的工作因素是职业稳定,排在第二的是工作条件与环境,排在第三的是社会声誉(见表29)。

表29 青年公务员工作因素满意度排序

序号	工作因素	样本量	百分比(%)
1	职业稳定	858	80.3
2	工作条件环境	367	34.4
3	社会声誉	312	29.2
4	职业生涯发展	226	21.2
5	创造性自主性发挥	113	10.6
6	工作强度	102	9.6
7	工资福利	85	8.0

2. 青年公务员最不满意的工作因素

青年公务员最不满意的工作因素,排在第一的是创造性自主性发挥,排在第二的是工资福利,排在第三的是职业生涯发展(见表30)。

表30 青年公务员工作不满意因素排序

序号	工作因素	样本量	百分比(%)
1	创造性自主性发挥	460	43.1
2	工资福利	404	37.8
3	职业生涯发展	362	33.9
4	工作强度	263	24.6
5	工作条件环境	110	10.3

(四)新一轮行政体制改革使得公务员职业因素发生变迁

研究结果表明,青年公务员的择业动机主要是工作稳定、社会声誉、工资福利和建立社会网络,这些动机并不因为人口统计变量的差异性而发生改变。随着我国经济发展的提速,就业竞争越来越激烈,相对于企业来说,公务员因为是铁饭碗而受到就业者的青睐,虽然政府实施了一些公务员退出机制,但总体而言,公务员职业的稳定性不会轻易受到动摇。这不仅培养了公务员对政府的忠诚度与稳定的职业心态,也能让政府有一支稳定的执政队伍。但是职业过于稳定同样会带来很大的弊端,因为没有职业变动的危机感,公务员容易形成职业倦怠。

社会声誉是公务员职业的无形资产,也表达了公众对公权力的向往与尊重,为此公务员职业获得了公众的认可与信任。公务员职业的社会声誉作为整体薪酬的一部分,也从另一方面起着激励和约束公务员的作用。公众对公权力的尊重无形中要求公务员具有职业本身所赋予的对公共服务的使命感、责任感和自豪感。

青年公务员收入目前是指有形收入的概念,青年公务员在职的工资收入虽然只处于社会平均水平的中上流,但是退休后的工资却远远高于企事业单位退休工资。还有非工资货币收入,如公费医疗保险、免费的工作餐等,这些非工资货币收入远远高于社会平均水平。有一定级别的公务员还可以享受从单位获得的交通工具、通信工具等职务消费,单位还为一些领导职务的公务员配备专门的司机等,所以工资收入加上非工资货币收入以及实物收入使得公务员的有形收入远远高于社会平均水平。这使得收入这个因素成为青年公务员择业的主要动机。

党的十八大以来,我国如火如荼地进行着全面深化行政管理体制改革,进行了一系列如规范职业操守、削减职业特权、并轨养老保险制度等大刀阔斧的改革,这些改革举措不仅整治了公务员队伍中的一些违规违法分子,同时也撼动了公务员职业的诸多隐性保障,除了阳光工资以外,几乎没有福利及其他收入,使得公务员优厚的薪酬待遇大打折扣,政府正在推动的公务员养老保险制度改革,让青年公务员对原本所期望的退休后高薪也变得迷茫。

三、青年公务员职业生涯发展面临的困境

青年公务员择业动机排在前列的都是职业的外在因素,给本就狭窄僵化的组织层次上的政府职业生涯制度设计带来阻碍。从职业生涯发展阶段的理论来看,青年公务员是公务员队伍中的特殊群体,他们正处于职业生涯的探索和发展阶段,这一阶段的青年公务员刚踏入社会,对工作及自我发展前景、自我能力认知并没有清晰的认识,他们经过层层选拔进入

公务员系统,又对这个拥有公共权力的职业充满了憧憬和迷茫,个性特征表现出进取心强、精力旺盛、喜欢迎接挑战,同时也难免会浮躁、冲动、迷茫,所以需要从组织层次上对青年公务员职业生涯进行规划,帮助青年公务员和组织共同成长,最大限度地使用与释放青年公务员的人力资本价值,实现组织与青年公务员价值的双提升。

事实上,我国目前传统意义上的政府人事管理体制并没有过多关注公务员职业发展需求的差异性,青年公务员的职业发展面临体制、机制及观念的多重困境,我国政府层级体制的特征是自上而下,职位体系也是自上而下呈金字塔状配置,体制规定行政人性为非人格化的理性人,要求公务员服从权威,自由裁量权和创新被限制在一定的范围内。一方面,虽然公务员法规定了公务员职业发展的职业通道多元化,2009年《深化干部人事制度改革规划纲要》中也提出职务与职级双轨道晋升,但这些都不能缓解晋升渠道单一给青年公务员带来的职业发展压力,公务员职业发展缺乏明确有力度的顶层制度设计,青年公务员的成长和发展机会受到束缚。另一方面,我国公务员考录的竞争日趋激烈,进入公务员队伍不乏优秀的人才,对自己的职业前景抱有远大的目标,希望在公务员的职业发展中实现自我。当政府提供的职业发展路径不能满足青年公务员发展的个体需求时,青年公务员职业发展压力增大,青年公务员的职业发展困境从组织层次上会产生人力资本的极大浪费,个体层次上会产生青年公务员的倦怠情绪,这些都与十八大科学发展观的精神相背离。由此,构建服务型政府与加强青年公务员的培养与选拔力度,需要一个充分关注服务型政府价值需求与青年公务员群体心理需求、突破传统青年公务员职业发展过分强调服从与控制、实现人本化管理的现代型青年公务员职业发展模式与体系。

四、人本化管理模式下青年公务员职业生涯发展的模式创新

人本化管理模式下青年公务员职业生涯发展是充分关注政府治理模式转变需求和青年公务员群体及个体心理需求的现代型青年公务员培养模式,是融合政府利益、青年公务员利益、公共利益的多途径发展的制度体系与操作流程,它能经得起实践的检验,并成为青年公务员实现自身价值和加强自身管理的赋能平台,成为政府加强现代化人事管理改革、提高

效能的创新平台,成为政府以人民利益和社会需要为依归的制度平台。

(一)分级分类的纵向设计

公务员法第十四条规定,国家实行公务员职位分类制度,公务员职位类别按照公务员职位的性质、特点和管理需要,划分为综合管理类、专业技术类和行政执法类等类别。综合管理类公务员具体从事规划、咨询、决策、组织、指挥、协调、监督及机关内部管理工作。专业技术类公务员是指在机关中承担专业技术职责,为实施公共管理提供直接的技术支持和保障的公务员。行政执法类公务员是指在工商、税务、质检、环保等履行社会管理与市场监管职能的行政执法部门的基层单位任职的公务员。目前的职位体系及纵向晋升体系是以行政职务晋升为主,职级晋升为辅的管理体系。这种纵向晋升体系虽然简单易执行,但是最大的弊端在于不能体现公务员分级分类管理,也不能体现公务员不同职位类别在纵向晋升体系上的不同特征与需求。本书将对专业技术类与行政执法类公务员的纵向晋升体系进行探索性体系设计。

1. 专业技术类公务员纵向晋升体系探索

进入专业技术领域的公务员大多为专业出身,他们从事专业技术工作,履行专业技术职责,多年的专业技术行业管理工作使得他们渐渐成为行业的资深专家,他们的意见对于同行业的项目、决策起着重要的参考价值。但是,因为晋升渠道的单一以及职位的稀缺,使得专业技术类公务员不得不把主要精力放在竞争职位上,而不愿意花太多的时间钻研专业技术。为了弥补此类弊端,本书认为可以把企事业单位的专业技术职称评定作为行政职务晋升的辅助性纵向晋升通道。

(1)行政职务序列与专业技术序列级别对照。专业技术类公务员分为两个序列,分别是行政管理类和专业技术类。根据公务员,尤其是青年公务员的个人职业发展意愿,可以选择不同的发展路径,行政管理类职务晋升办法参照我国现行的职位晋升体系,专业技术类序列的晋升则需与行政管理类并行,具体执行办法根据事业单位的职位序列体系进行适当调整。如图 13 所示,专业技术类职位体系分五个等级,分别是正高级、副高级、中级一等、中级二等、初级,与行政管理类职位体系相对照,专业技术类正高级别参照正处级待遇,专业技术类副高级参照副处级待遇,中级职称分为两等,中级一等参照主任科员待遇,中级二等参照副主任科员待遇,初级参照科员待遇。为了突出政府机关行政管理职能的重要性,专业技术类同等级别待遇略低于同等级别领导职务,比如正高级的工资待遇略低于正处级。专业技术类的评聘条件参照事业单位专业技术类职称的评聘条件,并做好专业技术类评聘年限和行政管理类晋升年限的对接,主要宗旨是把专业技术类评聘作为对行政管理类职务晋升渠道单一的补充,突出政府机关行政管理的行业管理和职能的同时,兼顾专业技术类公务员的职业特点。

第一,专业技术类职称与行政管理类职务的年限对接。专业技术类职称与行政管理类职务在评审年限上是不一样的,专业技术类中级、副高、正高级以五年为一个周期,而行政职务类科、副处、正处以三年为一个周期,所以专业技术类职称可以很好地弥补行政管理类晋升不畅的弊端,这项创新政策对于专业技术类的青年公务员显得很有意义。如专业技术类青年公务员,大学本科毕业生,任命为科员,定为初级职称,任职三年后可以评中级职称,若有职务空缺,也可以晋升为副主任科员;任职副主任科员和中级职称三年后,若没有主任科员的空缺,经过评审,可以晋升为中级二等,在中级二等职称满三年以上便可以申报中级一等。对于地方政府而言,处级干部职位空缺较少,所以青年公务员任主任科员三年后,若没有处级干部职位空缺,任中级职称满五年便可以申报副高级职称,获得副高级职称便能作为行业内专家对企事业单位进行行业专业技术的指导。对于40岁以下的青年公务员,面对35岁、40岁的职业年龄拐点,领导职位是呈金字塔状递减的,过了这两个职业年龄拐点,职业发展的机会在流失,专业技术职称补充了这个缺陷,也契合了政府部门内部一部分专业技术能力很强、管理能力较弱的公务员。

第二,专业技术类职称与行政管理类职务的待遇对接。根据就高不就低的原则,同等级别下,专业技术类职称比行政管理类职务待遇略低,充分体现政府机关的行业行政管理职能,这与事业单位中同等级别下专业技术职务比行政管理类职务待遇略高有所区别。政府机关的专业技术职务实行名额限制。正高级职务并作出突出贡献的公务员也可以申报长江学者等专业技术类荣誉。

第三,专业技术职称与行政职级、青年公务员的对接。专业技术职称的工资待遇可以参照同等级别的公务员,关于行政职级的评定与晋级,地方并没有一个统一的规定,大体按照中央精神,参照公务员工资序列表,每三年考核合格,工资便可晋级。青年公务员专业技术职称体系设置是为了弥补领导职务空缺比少、资历较长的公务员没有晋升机会而设置的,专业技术职称设置与行政职级晋升相比,更能体现专业技术类公务员的专业能力和技术等级,激发专业技术类公务员的工作热情。专业技术职称的初级到中级,中级一、二、三等的划分年限都为三年,与行政职级的年限一致,高级专业技术职称晋升年限为五年,比行政职级晋升略长,可以体现高级专业技术职称的难度与稀缺性(见图13、表31)。

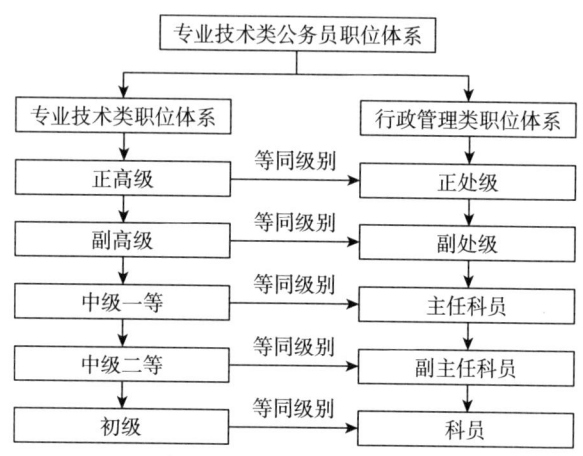

图13 专业技术类公务员职位体系

表31 专业技术类岗位分类(部分)

序列	高级		中级	初级
	正高级	副高级		
工程技术专业	教授级高级工程师 研究员级高级工程师	高级工程师	工程师	助理工程师、技术员
经济专业	教授级高级经济师	高级经济师	经济师	助理经济师、经济员
会计专业	教授级高级会计师	高级会计师	会计师	助理会计师、会计员
审计专业	教授级高级审计师	高级审计师	审计师	助理审计师、审计员

续表

序列	高级		中级	初级
	正高级	副高级		
思想政治工作人员	教授级高级政工师	高级政工师	政工师	助理政工师
科学研究人员	研究员	副研究员	助理研究员	研究实习员

注：农业、卫生、新闻出版、文物博物等系统参照法规的职称执行。

（2）实现路径。专业技术类公务员如果尝试推行专业职称与行政职务并行，以行政职务为主的职位体系，如工资体系、考核体系也要作相应的调整。首先是工资体系，参照《公务员工资制度改革实施办法》（国人部发〔2006〕58号文件），公务员工资体系分为职务工资与级别工资，文件中规定，公务员年度考核累计五年合格及以上，从次年1月1日起在所任职务对应级别内晋升一个级别，级别工资就近就高套入晋升后的级别对应的工资标准。专业技术类公务员推行专业技术职称与行政职务并行，同等级别专业技术类工资水平也等同于行政管理类公务员，中等一级工资标准略低于主任科员，中等二级工资标准略低于副主任科员。其次是专业技术类职称的评聘条件，与企事业单位专业技术类相同。最后是绩效考核的制度调整，对于专业技术职称的公务员，每年需设计与专业技术相关的考核指标，如科研成果、专业项目管理等，与行政管理类的考核指标相区别，突出对岗位专业技术的要求与考核。

本书对专业技术类公务员职业发展的路径设计只是一个创新性的设想，目前还没有在我国任何一家政府机关试行，若要试行，还需对每个实施细节进行斟酌，在试行的政府系统内部认同专业技术职称，再逐步推广。

2. 行政执法类公务员纵向职业发展体系探索

2010年，深圳市率先推出了《深圳市行政机关行政执法类公务员管理办法（试行）》（以下简称《办法》），针对在深圳市各级行政机关所属执法单位中主要履行监管、处罚、稽查等执法职责的职位上工作的公务员进行了行政执法类公务员职位序列设置，主要目的是考虑到行政执法类公务员的晋升空间有限，尤其是基层单位的行政执法类公务员。《办法》规定，行政执法类公务员职务统称为执法员,根据任职条件、年功和工作业绩要求,划分为7个职级,由高至低为:一级执法员、二级执法员、三级执法员、四级执法员、五级执法员、六级执法员、七级执法员。根据工作实际及对公务员学历、能力等的要求,市政府公务员主管部门可在行政执法类部分职组、职系的七级执法员之下增设助理执法员、见习执法员职级。除此之外,《办法》还规定,行政执法类公务员转任本市综合管理类非领导职务的,确定为科员,任职时间重新计算,即行政执法类职位序列与行政管理类不能打通。2011年4月,国家公务员局和国家税务总局联合下发《关于税务系统行政执法类公务员管理试点工作的通知》,提出行政执法类公务员的职务序列从高到低分别为一级税务官、二级税务官、三级税务官、四级税务官、一级税务员、二级税务员、三级税务员。地市级国税机关内设机构、直属机构和派出机构中直接从事行政执法的职位可以设置一级税务官、二级税务官、三级税务官、四级税务官、一级税务员、二级税务员、三级税务员;县(区市)级国税机关内设机构、直属机构和派出机构中直接从事行政执法的职位可以设置三级税务官、四级税务官、一级税务员、二级税务员、三级税务员。赵子建、周敏根据我国政府颁布和试点的管理办法,提出了构建基于能力的行政执法类公务员,包括明确的分类、统一而不单一的职务序列、科学化的职数管理等核心内容,以及有效的绩效考评、阶梯式的学习体系、完善的薪酬结构等。[①]

笔者根据以上的政策办法与研究成果,提出了行政执法类的公务员职业发展通道(见图14),把行政执法类公务员分为七级五等,分别为一级行政执法官、二级行政执法官、三级行政执法官、四级行政执法官、五级行政执法员、六级执法员、七级行政执法员,其中一到四级分别为一等、二等、三等、四等,五到七级为五等;打通行政执法类与行政管理类公务员的等级通道,其中一级行政执法官相当于行政管理类的正处级别、二级行政执法官相当于副处级别、三级行政执法官相当于主任科员级别、四级行政执法官相当于副主任科员级别,五到七级行政执法官相当于科员级别。如果行政执法类公务员想转任到行政管理类,必须经过相关职位序列的

[①] 赵子建,周敏.论以能力管理为基础的行政执法类公务员管理平台的构建[J].中国行政管理,2012(2).

严格考核来确定同等级别转任。

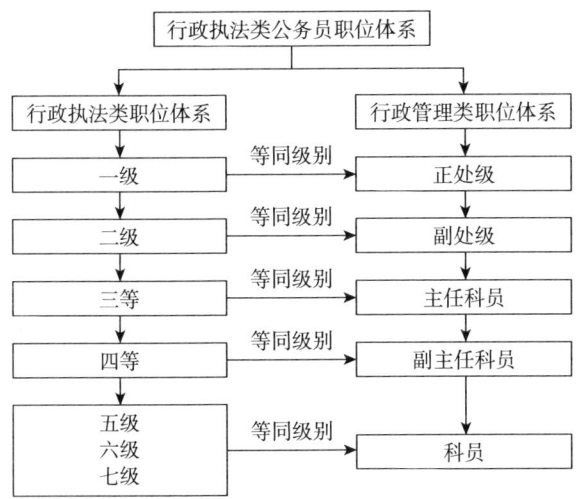

图14　行政执法类公务员职位体系

（二）创新横向外部交流方式，打通政府机关与企事业单位的转任、调任

公务员法第六十三条规定，国家实行公务员交流制度，公务员可以在公务员队伍内部交流，也可以与国有企事业单位、人民团体和群众团体工作人员交流，交流的方式包括调任、转任和挂职锻炼。笔者在调研中与青年公务员的直接上级进行交谈，询问有没有考录进来的青年公务员工作绩效不好的情况，如果有，是什么原因。直接上级在对青年公务员绩效不好的原因进行总结时发现，其中一个重要原因是性格与职位不匹配。由此看来，青年公务员绩效不佳的主要原因来自于性格特征和职业性向，虽然在考录环节不可能对性格与公务员职业匹配度进行测量，但是通过职业性向测量、人格类型测量可以对青年公务员的性格特征进行把握，有些青年公务员在政府机关工作了一两年以后，发现机关的工作特征不适合自己的性格特征，但是又舍不得放弃这个工作。横向交流可以为青年公务员提供一个很好的契机，鼓励青年公务员到基层单位去锻炼、鼓励青年公务员到企事业单位挂职锻炼；青年公务员到企事业单位工作要挂实职，让他们担任实职,经过几年的磨炼后,如果青年公务员认为企事业单位的环境更适合自身的发展,开设转任、调任绿色通道,根据青年公务员个人意愿,把青年公务员的人事关系转入企事业单位,为青年公务员提供更适合自身发展的环境与土壤。

五、人本化管理模式下青年公务员职业生涯发展的个体层次管理

青年公务员经过考录进入政府机关,进入政府机关就开始了他在政府机关的职业发展。人本化管理模式下青年公务员职业生涯管理则是通过管理的制度化设计及人性化关怀关注青年公务员的个体需求和职业性向差异性。对青年公务员职业生涯进行个性化设计,主要包括以下几个环节。

1. 调查个人职业意愿,确定职业锚

职业锚是个人经过一段时间的工作实践后在充分自我认知基础上所确定的长期职业定位。员工以职业锚为其稳定源,可以获得该职业工作的进一步发展,以及个人社会生命周期和家庭生命周期的成长、变化。[①] 所以,青年公务员职业锚的确立是以一定时期的工作经验为基础的,青年公务员参加工作一两年,对公务员工作的特征、自身能力、动机和职业价值观都有了一定程度的认知,组织通过霍兰德职业性向测试、16PF 等测量工具,让青年公务员清晰地了解自己的职业性向和人格倾向。组织通过个人职业意愿调查表,把握青年公务员的职业意愿,组织与青年公务员一起确定青年公务员的职业锚。

2. 规划职业发展计划,定期跟踪访谈

基于青年公务员职业锚,组织与青年公务员一起对如何实现职业锚进行详细规划,制订短期、中期、长期计划,结合青年公务员的能力、人格测评结果、个人职业意愿,建立个人职业生涯档案,人事部门委派专人跟踪访谈,定期记录每位青年公务员的绩效表现,定期与青年公务员进行沟

---

① 韩叶盛,陈文龙.基于职业锚理论的我国公务员职业生涯管理研究[J].北方民族大学学报(哲学社会科学版),2009(6).

通与反馈,帮助青年公务员纠正不良工作行为,提升工作绩效,帮助青年公务员不断得到成长。

3. 为青年公务员职业发展提供一对一帮助

很多政府部门都在实行导师制,青年公务员在工作初期,难免会遇到一些工作或思想上的问题,需要有丰富工作经验的公务员的指导与帮助,导师制为青年公务员提供了制度上一对一的保障。2000 年,人事部颁布了《关于试行公务员基层锻炼导师制的通知》,人事部所试行的导师制同样可以用在对青年公务员的培养上。导师一般由单位内工作经验丰富、业务能力强的公务员担任,对青年公务员的培养主要体现在以下几个方面:第一是业务指导师,经过导师的答疑解惑,不断提高青年公务员的工作水平与业务技能,定期对青年公务员进行考评,作为组织考察青年公务员的客观依据;第二是思想引导师,青年公务员刚参加工作,会在思想上出现一些迷茫或困惑,导师与青年公务员经常沟通谈心,合理引导青年公务员建立正确的职业价值观;第三是生活关怀师,青年公务员有时在生活中会遇到具体困难,导师及时向单位反映,帮助解决问题。

4. 为青年公务员实现职业意愿创造制度条件

组织根据青年公务员的职业锚,帮助青年公务员成长。第一,提供针对性的培训,与教育培训相结合,结合青年公务员的职业规划,采取单位安排与个人申报相结合的方式,为青年公务员提供能力与技能提升的专业培训、综合素质与思想提升的综合类培训等,提升青年公务员实现职业锚的能力与竞争优势。第二,多岗位锻炼,完善公务员交流、挂职锻炼、挂点扶贫等行之有效的实践培养模式,鼓励青年公务员到基层、企事业单位多实践,通过横向交流找到自身定位。

第六节 压力管理视角下的青年公务员绩效评估体系创新

压力管理视角下的青年公务员绩效评估体系试图从战略导向上体现

服务型政府的价值取向和体制秉性,又通过量化、科学、合理的体系设计体现适度的压力。压力型政府管理体制认为,我国公务员绩效评估体系是自上而下的压力层层传导系统,政府的绩效评估从上而下的目标管理把压力传导给基层的政府部门,那么,公务员绩效评估体系是政府对公务员的行为与绩效进行控制的管理环节,通过中央到地方的绩效目标的层层控制,通过目标把压力传导到下层,控制与压力并存,公务员绩效评估体系具有压力无法避免。所以,压力管理视角下的青年公务员绩效评估体系是以服务公众、人性化管理、公正公平为价值导向,通过科学、合理的绩效考核指标体系体现上层对下级的管理,让青年公务员既能感知上级的要求与压力,又能感知适度的权变空间;它既能提高政府对于民众需求的回应性、增加公务员工作行为的目标导向,又能充分体现行政内民主,成为政府体现人性化管理的改革举措、公务员加强自身管理的赋能工具。

一、压力管理视角下的政府绩效评估文献回顾

我国关于政府绩效评估的文献汗牛充栋,但关注压力型管理体制下的绩效评估体系的却寥寥无几。盛明科认为,构建政府为主导、公众深度参与的多元主体治理体系可以弥补传统政府绩效评估主体选择存在着传统文化和价值观念影响下的公众评估参与不足、压力型体制下绩效评估主体呈现集权倾向、相对封闭性评估系统导致评估主体单一、权利失衡与政府绩效评估主体之间关系治理失序等缺陷。[①] 从文献来看,政府封闭的绩效管理体制导致了压力型管理体制,所以学者们提出运用公众广泛的参与、第三方评价等方式缓解上级政府对下级政府的压力,但是从公务员个体角度来看,公众参与、第三方评价以及服务对象满意度调查都会增加公务员的工作压力。笔者在访谈中发现,有些引入第三方评价考核的政府部门青年公务员总是处于焦虑情绪中,担心自己的工作得不到公众的认可因而获得很差的评价。所以,实现公众参与、第三方调查等公众满意度评价体系的科学性与公正性显得尤为重要,同时第三方评价与政府内部评价应掌握在一个博弈平衡的权重中,这样才能把上级对下级的目标管理压力与公众满意度评价压力平衡在一个合理的范畴内。

---

① 盛明科.服务型政府绩效评估体系的基本框架与构建方法[J].中国行政管理,2009(4).

二、压力管理视角下的绩效评估价值导向

经典人力资源管理理论认为,作为一种对人的管理方法或技术是应该有价值观作为引导的。彭国甫认为,政府绩效评估的价值取向是"一股无形的力量,影响和制约着地方政府绩效评估,构成地方政府绩效评估体系和绩效评估行为的深层结构,是地方政府绩效评估之魂"[①]。压力管理视角下的绩效评估体系的价值导向是我国政府治理模式从管制型政府到服务型政府的转变与必然要求,是从封闭、控制走向民主、公开的必然过程。所以,压力管理视角下的绩效评估体系,首先体现为公正,考核程序设计公正、考核结果运用公开透明,既能有效遏制暗箱操作的灰色行为,缓解青年公务员人际关系压力,又能甄选与区别出公务员绩效的优劣。其次体现为民主,从政府的外部环境来看,在考核指标体系中把公务员服务对象的评价与满意度纳入到考核指标体系中,用第三方调查机构调查服务对象满意度,或通过群众给对公服务的公务员进行即时服务评价考核公务员的服务质量;从政府内部环境而言,上级政府通过自上而下层层分解考核目标,对下级政府进行考核,广泛听取下级意见,充分考虑不同地方、不同层级政府的具体情况与差异性。再次体现为和谐。平衡、和谐的绩效评估体系能把绩效考核维持在一个适度的压力值阈内,体现经济发展与环境保护的平衡,体现发展效益与社会公平的平衡,体现政府服务质量与公众满意程度的平衡,体现当前绩效与长远发展的平衡,从经济效益、社会效益和政治效益等多个维度对政府绩效进行综合评估。这些价值取向兼顾了公共价值观,如对公众的回应、公开、公平和公正,追求责任、追求效率等,也考虑了公务员个人需求,如强调行政内民主,充分考虑地区、部门、岗位的差异性。[②]

三、压力管理视角下的青年公务员绩效评估体制构建

在公正、公平、民主、和谐的价值导向下构建压力管理视角下的青年公务员绩效评估体制,主要从指标体系、流程控制两个方面来考量。

---

① 彭国甫.价值取向是地方政府绩效评估的深层结构[J].中国行政管理,2004(7).
② 顾兴良.提高政府绩效评估科学化水平的路径选择[J].领导科学,2011(23).

(一) 指标体系

1. 关键绩效指标法模式

由于量化的考核指标明确客观,公务员可以清晰地了解自己工作的目标指向以及绩效衡量标准。关键绩效指标法巧妙地把组织战略目标、部门战略目标与个体工作目标结合起来,三环层层相扣,不仅整合了平衡计分卡作为战略工具的精髓,又贯彻了目标管理的思想内核,形成了组织战略、部门战略、个体工作目标"三位一体"的关键绩效三级指标体系。这种模式与我国地方政府的实际情况相契合,它没有平衡计分卡需要精确的财务数据做支撑的烦琐,却可以通过工作目标把组织、部门、个体紧密相连。关键绩效指标法最常用的是关键绩效成功要素分析方法,关键绩效成功要素分析法不仅强调战略分解,还注重取得战略成功的关键绩效标准或行为特征。具体做法是对照组织、部门、岗位的工作目标构建层层分解及逐级落实的结构,保证组织的重点工作得到充分的落实,实现事事有人干,件件能落实,在这个过程中将每个公务员的工作与部门相关联,部门的工作与单位的工作相关联,实现每个公务员工作行为指向组织目标。

关键绩效指标是通过对政府组织内部运作过程中关键成功要素的提炼和归纳,因此要限制在最重要的极少数,也就是说在给定的组织层次上,每一个目的业绩测评数目应当限制在最重要的少数几个,这样才能体现关键绩效指标"关键"的意义。所以,设计时需对照岗位职责和工作目标,精选出最能反映岗位绩效成功的指标,指标不宜太多。同时,岗位职责不同,绩效标准也会不同,所以关键绩效成功指标法针对不同的岗位需设计不同的关键量化考评指标,让每一个岗位与考评指标充分契合,这样才能更加精确具体地进行量化考评。

2. 考核指标的定性或定量必须与单位实际情况相结合

当然,我国地方政府的发展情况、技术条件参差不齐,在对公务员的具体考评中,考评标准的制定与实施都必须与当地以及各单位部门的实际情况相结合,即考评的实施要与相应单位的管理基础、单位的大小以及工作的内容等相匹配,要避免不顾单位实际情况,为了追求考评方法先进而量化,对所有地区不加区分地施行一套标准。要根据不同的情况,对管理基础薄弱的地方政府进行循序渐进地实施安排,保证工作落到实处。同时,不能一味地追求考评技术的先进性,例如片面看待考评工作的信息化,对于硬件条件不足、人员素质暂时难以大幅提高的地区和单位,仍要以传统的考评方式为主,兼顾信息化手段,渐次创造可运用先进考评方法的环境与条件。

3. 考核指标的权重与结构平衡

为了保证考核指标的平衡性,部门考核指标体系考虑到外部民众评议指标权重与内部政府管理考核指标要求的权重,以部门绩效考核为主,兼顾外部民众评议结果;公务员个体考核指标要考虑到德、能、勤、绩、廉的结构权重,突出勤和绩的权重比例,对于一些对公服务的岗位,加入服务满意度考核指标。考虑考核指标的扣分、加分权重,以岗位职责规定的最低要求为考核合格的基准,以维持考核指标对于公务员的适度压力。对于青年公务员来说,虽然组织不能对其考核体系做专门的设计,但是却可以在考核流程中对青年公务员进行个性化设计。

(二) 压力管理视角下的绩效管理流程设计

1. 注重绩效管理中的绩效沟通环节

从组织层次上来看,政府的绩效管理是一个系统的流程,包括绩效目标的设定、绩效考核、绩效总结和绩效应用与开发体系。其中,绩效沟通贯穿于整体绩效管理流程,绩效沟通是指在绩效管理过程中,在绩效管理的各个环节中,与各个评价主体及评价对象进行充分交流、听取意见,针对绩效评价结果与评价对象进行交流,以寻求绩效管理顺利实施、绩效评价结果客观公正、绩效评价结果受到认可。绩效沟通的主要目的是为了保证评价指标的设计更科学、更具可操作性,评价结果更公平和公正。[①] 青年公务员正处于职业生涯的起步与发展阶段,组织领导根据绩效考核结果有针对性地与青年公务员进行沟通,可以与青年公务员一起设定下一阶段的绩效目标,通过沟通对绩效目标实现的可能性、时限性及具体细

---

① 包国宪,曹西安.论政府绩效管理中的绩效沟通[J].经济体制改革,2007(1).

节进行充分地沟通协调,广泛听取青年公务员的意见,修订、调整绩效目标,以保证绩效考核环节的顺利实施。绩效沟通运用最广泛的是用于绩效结果与绩效申诉环节,如果青年公务员实际绩效评估结果与预期有较大差距,他们便会产生不良情绪,作为被评估方的青年公务员认为绩效计划有误、绩效目标不合理、绩效指标不科学、绩效辅导不正确直到提出绩效申诉,同样也可以认为程序有瑕疵,没能达到公开、公平、公正的要求。① 这时绩效沟通就显得非常有必要了,领导就绩效问题与青年公务员进行面对面的沟通与坦诚的交流,对绩效结果进行客观分析,及时纠偏,若结果客观无偏差,则可以疏导青年公务员的负面情绪,提出青年公务员在工作绩效中实际存在的问题及改进措施。② 与青年公务员进行疏导交流时,绩效沟通实现了人性化绩效管理目标,减缓了绩效考核给青年公务员带来的压力。

2. 公民评议考核指标的科学规范化设计

在服务型政府的大背景下,政府绩效评估指标中应纳入服务对象、民众评议指标,契合执政为民的政治导向。公民评议作为一种绩效评估方式,不能全面衡量政府绩效,因为它所关注的绩效领域十分有限,主要集中于对公民满意度的考量上,但由于这种方式极大的关注了公民诉求,能够促使政府积极接受社会监督、履行受托责任,对提高政府的形象、改进公共服务水平具有积极的意义。③ 公民评议结果往往备受新闻媒体及公众的关注,所以评议的结果会给公务员带来一定的心理压力,制定规范科学的公民评议就显得势在必行。笔者认为公民评议可以分为两种形式:一是一部分提供对公服务窗口的政府部门,如劳动部门、人事部门、税务部门等设置满意度评价系统,每月进行统计并公布实际满意度情况,对公务员工作绩效评价时设定服务对象满意度指标。调研中发现,不少青年公务员在刚进政府部门时会被先安排在服务大厅锻炼,服务对象对青年公务员的评价直接决定了他们的工作积极性。二是对于一些管理部门或

---

① 汪建昌.绩效沟通:绩效管理的润滑剂[J].领导科学,2011(19).
② 陈小林,钱德春.绩效沟通:政府绩效管理中的重要环节[J].西南民族大学学报(人文社科版),2005(1).
③ 徐相锋.政府绩效评估方式的分析与建议[J].郑州大学学报(哲学社会科学版),2011(4).

者不提供对公服务的政府部门,通过专业的第三方调查及评价系统对政府的公民满意度进行调查。不管是哪种形式,因为评议结果与政府形象密切相关,又会引起公务员的工作压力,所以,科学论证、系统测试以及试评价等规范程序是让评议结果客观、公正的程序保证,是让公民评议形成制度而不是一时的政府形象工程。由此,公民评议考核对青年公务员的绩效起着重要的作用。

第七节 提升青年公务员胜任力的公共部门跨职能团队协作系统的构建

21世纪以来,国际国内政治、经济形势变得越来越复杂与不确定,国家推进政府、社会、公民协同互动的多中心治理体系建设的压力不断增大,非常规性任务与危机事件层出不穷,这些对我国公共管理的传统模式提出了挑战。当前,我国公共部门传统的科层制因控制与监督、执行力强而成为公共部门结构的主要表现形式,但是随着不断出现的复杂现实问题与民众回应性要求的提升,特别是当公共部门承担重大项目或某项专项任务时,不仅需要多个职能部门甚至企事业单位的协作,还需要国际国内各类专家人才进行信息整合与资源共享时,只习惯从本身立场出发的相对固定封闭的公共部门科层制就会出现失灵。所以,以灵活、高效、低成本为特征的公共部门跨职能团队为公共部门的灵活运作提供了平台,因为它灵活的矩阵型结构,既可以保证正式组织结构相对稳定,又能打破行政层级、单位、部门间的边界,跨越传统边界,实现资源整合优化、工作任务协作完成,并成为公共部门适应瞬息万变的经济社会形势、迅速回应民众诉求的行政管理创新的新兴方式。

我国公共部门跨职能团队大多承载着具有政治意义的目标任务,旨在通过政府强势的推动与感召力,迅速整合和优化人力资源,协调与统一各方需求,在短期内攻克重大技术难题、举办关乎国家影响力的重大赛事或完成其他探索性、前瞻性公共管理改革任务,协作系统是公共部门跨职能团队实现任务目标的关键运营机理。公共部门协作系统的构建不仅保证了团队目标的达成,更成为短期内提升公务员各项能力的载体与平台。青年公务员在短期内能力得到迅速提升的典型案例是 2010—2014 年的南京市青年奥林匹克运动会组委会(以下简称"青奥组委会"),青奥组委会从江苏省各个政府部门选拔了几百名青年公务员,并组成了青奥组委会的核心力量。本书通过对青奥组委会的研究,试图深入剖析公共跨职能团队协作系统内在运作机理及对青年公务员能力提升的影响。

一、理论基础与文献回顾

(一)公共部门跨职能团队协作的理论基础

公共部门跨职能团队协作的系统理论架构基于巴纳德的组织系统理论,巴纳德将协作系统定义为"由两个或两个以上的人,为了协作实现至少一个以上的目的,以特定体系的关系组成的包括物质因素、生物因素、人的因素和社会因素的复合体"[①]。作为一种短期或临时的组织形式,公共部门跨职能团队协作是指为了实现一个共同的目标,部门之间、个人之间在资源、技术、信息等方面通过协作与配合,创造出比个体简单相加后更大的效益。协作是在个人需要实现他在生理上无法单独达到目标的基础上产生的,协作存在的理由就是个人能力的限制,巴纳德认为:"个人目的无法在协作行为中得到满足,除非经过媒介的过程,这一媒介过程就是分配过程。"分配过程不仅需要合理地均衡资源,更需要协调各方利益与需求,这使得协作成为公共部门跨职能团队运营的内在机理。巴纳德的组织协作理论把协作系统分解为有效性和能率,有效性是指组织目标的实现程度,以效率价值为导向;能率则是指组织成员个人动机的满足程度,以人性化价值为导向。有效性与能率成为公共部门跨职能团队协作系统构建的两个发展方向。

对国内外有关跨职能团队进行文献梳理时发现,与跨职能团队协作概念相关的文献共 35 篇,其中 8 篇中文文献,27 篇英文文献。对跨职能团队协作研究历史较长的企业新产品创新领域学者们认为,跨职能团队协作系统受到结构性与关系性情境的持续影响,正式的结构性因素直接

---

① [美]巴纳德.经理人员的职能[M].王永贵,译.北京:机械工业出版社,2013:27-51.

由组织高层决策协作完成,更多无形的跨职能团队关系协作因素提升为产品创新的潜在能力。① 跨职能团队协作还需要通过团队报酬与工作轮换实现整合,通过信息技术应用和领导权力来实现团队刚性协作机制②,通过创造一个长期的、基础性关系建设和组织文化克服团队认知障碍和文化障碍,实现双向沟通,获得积极的组织目标。③ 这些跨职能团队协作方面的研究似乎向我们暗示了跨职能团队协作系统的刚性与柔性结构两条脉络。更多公共管理领域关于跨职能团队协作的文献支持了这一设想,张康之、周雪梅对跨职能团队在公共部门的表现形态用"任务型组织"概念表述并进行了一系列的理论研究,认为任务型组织是在多元化和多样性的目标之间建立起结构性联系才能找到行动的方案。④ Piercy 等通过案例分析,指出了公共部门跨职能团队协作的四要素,包括领导支持、跨职能团队整合与协作的文化与结构支持、资金支持以及克服变化带来的阻力。⑤ Wang 等以医院为案例研究,认为团队的规则、流程和凝聚力影响团队效能。⑥ 遵循前人的研究,我们对跨职能团队协作系统结构性与关系性两条脉络展开文献回顾。

(二)公共部门跨职能团队协作的结构性因素

马克斯·韦伯认为,结构关系表现为管理与控制,这在公共部门跨职

---

① Dirk De Clercq, Narongsak (Tek) Thongpapanl, Dimo Dimov. A Closer Look at Cross-Functional Collaboration and Product Innovativeness: Contingency Effects of Structural and Relational Context[J]. Journal of Product Innovation Management, 2011(5).

② Oscar Hauptman, Karim K. Hirji. Managing Integration and Coordination in Cross-Functional Teams: an International Study of Concurrent Engineering Product Development[J]. R and D Management, 1999(2).

③ Ralitza R. Patrashkova-Volzdoska, Sara A. McComb, Stephen G. Green, et al.. Examining a Curvilinear Relationship between Communication Frequency and Team Performance in Cross-Functional Project Teams[J]. IEEE Transactions on Engineering Management, 2003(3).

④ 张康之,周雪梅.论任务型组织的结构[J].江苏行政学院学报,2007(3).

⑤ Piercy Niall, Phillips Wendy, Lewis Michael. Change Management in the Public Sector: the Use of Cross-Functional Teams[J]. Production Planning and Control, 2013(10 – 11).

⑥ Mei-Ling Wang, Wan-Yu Chen, Yen-Yu Lin, et al.. Structural Characteristics, Process, and Effectiveness of Cross-Functional Teams in Hospitals: Testing the I-P-O Model[J]. The Journal of High Technology Management Research, 2010(1).

能团队中具有新的含义,即在临时的、非固定的信息流动与任务完成中形成了相对固定的组织形态、规模程序及职权关系。① 这种结构性因素更多地体现为公共部门跨职能团队协作的一种权威、系统化规则。公共部门跨职能团队往往是由多个功能性区域或系统组成的临时性组织②,集合多功能的专业方案或服务,以产生创新的公共服务或产品为目标③,成员不同的职业背景使得团队成员很可能发生冲突④,团队必须通过领导权力、刚性规制对团队成员的行为进行整合、协调和促进,来管理和监控团队成员的工作业绩,在短期内保证每一项团队目标的实现。所以,公共部门跨职能团队刚性的协作系统需要一个具有行政管理性质的相对固定的层级制组织结构来实现领导权力的横向及纵向分配与控制,以实现对工作流程、绩效监督标准进行管理监控,跨职能团队的管理控制还包括决策权配置、职责边界的管理控制、评价与激励机制,这些管理控制因素作为刚性因素同样会影响跨职能团队效率。⑤

从有效性理论的角度,跨职能团队成员不同的知识背景、技能和努力的知识共享可以为跨职能团队创造令人无法想象的高回报与收益。⑥ 学者们认为,跨职能团队的协作机制通过知识共享来实现结构间的信息流动,有效的公共部门跨职能团队成员要有兴趣参与到团队环境与各种活动中,并通过培训获取团队协作与绩效管理技能。⑦ 这种项目本质驱动

---

① [美]珍妮特·V.登哈特,罗伯特·R.登哈特.新公共服务:服务,而不是掌舵[M].丁煌,译.北京:中国人民大学出版社,2004:119.

② Daniel R. Denison, Stuart L. Hart, Joel A. Kahn. From Chimneys to Cross-Functional Teams: Developing and Validating a Diagnostic Model[J]. The Academy of Management Journal, 1996(4).

③ G. M. Parker. Cross-Functional Teams: Working with Allies, Enemies, and other Strangers[M]. San Francisco: Jossey-Bass, 1994: 46 - 48.

④ D. F. Heany. Cutthroat Teammates: Achieving Effective Teamwork among Professionals[M]. New York: McGraw-Hill Education, 1989.

⑤ 王斌.跨职能团队的管理控制问题:一个理论思考[J].会计研究,2011(7).

⑥ Cheryl Nakata, Subin Im. Spurring Cross-Functional Integration for Higher New Product Performance: a Group Effectiveness Perspective[J]. Journal of Product Innovation Management, 2010(4).

⑦ Athanasaw Yvonne. Team Characteristics and Team Member Knowledge, Skills, and Ability Relationships to the Effectiveness of Cross-Functional Teams in the Public Sector[J]. International Journal of Public Administration, 2003(10 - 11).

的团队,在一个不断缩短的时间周期里把知识创造和传播作为唯一的绩效标准。知识共享需通过沟通实现①,团队通过持续和定期组织的交流培训,增进团队成员间的相互了解,以克服团队在知识共享时的沟通障碍②,培养共同的身份认同度,以提高团队绩效。③ Ralitza 等研究检验了面面沟通、电子邮件和电话沟通频率对团队绩效的影响,发现邮件沟通和面面沟通与团队绩效呈曲线关系。④ 合理地处理跨职能团队成员的沟通冲突可以最大化跨职能团队创新和约束优势。⑤ 信息系统作为平台使得跨职能团队的协作与知识共享更加便捷⑥,它科学调整各个专业专家的协作,并超越了功能与组织边界,让专业协作速度与效率大幅增强。

虽然跨职能团队可以加快公共部门迅速回应民众需求,提高公共部门解决临时性复杂问题的能力,但是根据 Wang 和 He 的研究,90% 的跨职能团队失败都是因为缺乏足够的激励计划。⑦ 团队的外部因素,如市场导向的奖励制度、管理风险激励成为影响团队整合与协作的因素。团队通过薪酬与绩效评估对成员成果进行激励是实现跨职能团队成功整合的必要因素。当面对需要团队成员的集体知识和技能的工作任务时,一

---

① Karen A. Bantel, Susan E. Jackson. Top Management and Innovations in Banking: Does the Composition of the Team Make a Difference? [J]. Strategic Management Journal, 1989 (Suppl 1).

② 张良,吴涛.高能激励下的团队管理困境及其化解[J].科学管理研究,2011(4).

③ Linda D. Peters, Keith P. Fletcher. Communication Strategies and Marketing Performance: an Application of the Mohr and Nevin Framework to Intra-Organisational Cross-Functional Teams[J]. Journal of Marketing and Management, 2004(7-8).

④ Ralitza R. Patrashkova-Volzdoska, Sara A. McComb, Stephen G. Green, et al.. Examining a Curvilinear Relationship between Communication Frequency and Team Performance in Cross-Functional Project Teams[J]. IEEE Transactions on Engineering Management, 2003 (3).

⑤ Kay Lovelace, Debra L. Shapiro, Laurie R. Weingart. Maximizing Cross-Functional New Product Teams Innovativeness and Constraint Adherence: a Conflict Communications Perspective [J]. Academy of Management Journal, 2001(4).

⑥ Elliot Bendoly, Anandhi Bharadwaj, Sundar Bharadwaj. Complementary Drivers of New Product Development Performance: Cross-Functional Coordination, Information System Capability, and Intelligence Quality[J]. Production and Operations Management, 2012(4).

⑦ Sijun Wang, Yuanjie He. Compensation Nondedicated Cross-Functional Teams[J]. Organization Science, 2008(5).

个反映相互依赖程度的薪酬计划应同时使用,以激励更多的团队努力合作①,当跨职能团队工作彼此的依赖有很大差别时,报酬系统就显得非常重要。②

(三)公共部门跨职能团队协作的关系性因素

关系性协作系统基于人际关系学派,人际关系学派强调承诺、凝聚力和道德遵守。③ 早在 1976 年,Likert 就提出在跨职能团队中建立协作的文化氛围,可以降低团队因冲突和单调而带来的成本。④ 不管人们使用哪种类型的团队建设战略,有一条原则是普遍适用的,那就是建立价值认同,成员认同跨职能团队的价值观,形成一致的文化认同感以增强目标的一致性。⑤ 由此,关系性协作系统是跨职能团队的情感性协作系统,协作型的团队文化可以让事实权威成为员工行为动机的主要来源,成员在协作型文化中愿意做他们认可的事情而不一定是领导交办的事情。⑥ 虽然结构性协作系统通过整合可以克服跨职能团队的诸多消极影响,创造一个整合的跨职能团队要求长期建设与发展团队成员之间关系和构建组织文化。⑦

跨职能团队成员信任是指成员在对团队秩序、其他成员承担一定的义务和责任以及对他们所拥有的技术角色期望的基础上所形成的一种肯定性的预期和信心,这种预期和信心使他们在面对未来不确定性的情况下,相信其他成员能够完成他们的义务、履行他们的承诺并相信他人的良

---

① T. R. Zenger, C. R. Marshall. Determinants of Incentive Intensity in Group-Based Rewards[J]. The Academy of Management Journal, 2000(2).

② R. Wageman, G. Baker. Incentives and Cooperation: the Joint Effects of Task and Reward Interdependency on Group Performance[J]. Journal of Organization Behavior, 1997(2).

③ Aneil K. Mishra. Becoming a Master Manager[J]. Leadership Quarterly, 2000(3).

④ E. Sundstrom, K. P. DeMeuse, D. Futrell. Work Teams: Applications and Effectiveness[J]. American Psychologist, 1990(2).

⑤ 石冠峰,林志扬.团队建设研究的新思路:边界管理的视角[J].中国工业经济,2010(1).

⑥ Rensis Likert. Improving Cost Performance with Cross-Functional Teams[J]. Management Review, 1976(3).

⑦ P.R. Lawrence, J.W. Lorsch. Organizations and Environment: Managing Differentiation and Integration[M]. Boston: Harvard Business School Press, 1967.

好意愿。① 在彼此之间建立起某种程度的信心和信任,才能有效地共同工作。成员之间相互信任,在克服共同的组织障碍时相互依赖,对团队目标及领导倡导的核心价值具有个人承诺。②

虽然国内外文献成果丰硕,但在我国全面提升治理能力、构建完整的治理体系、实现国家治理现代化的新形势下,我国公共部门跨职能团队发展不断凸显新问题、新矛盾,目前的研究成果还存在一些不足,特别是缺乏剖析公共部门跨职能团队实际运行协作机理及对公务员能力提升的实证研究。

二、公共部门跨职能团队协作的系统研究设计

(一) 个案选择

本书选择青奥组委会作为样本,主要考虑了数据的可获取性、典型性和研究的便利性三个因素。第一,样本数据的可获取性。青奥组委会成立于2010年,是承办2014年青奥会的最高权力机构,对外向国际奥委会负责,对内向党中央、国务院负责。青奥组委会在短短四年间完成了具有国际影响力的关乎国家政治与社会影响的重大赛事,国际奥委会主席巴赫评价南京青奥会的组织工作"完美无缺"。四年来,团队运行稳定,历经了初创期、发展期、成熟期、解散期,协作系统的发展历经了一个完整成熟的团队生命周期,青奥组委会成功举办了青奥会,实现了团队目标,被国际国内主管部门、社会、民众充分认可,因此可以保证度量公共部门跨职能团队协作系统的数量数据的可获取性。第二,样本的典型性。青奥组委会是省市级层次上具有国际影响力的公共部门跨职能团队,在省市领导的强势推动下,青奥组委会几乎汇集并整合了江苏省政府部门、企事业单位和来自全世界的社会优秀人才,经过四年的运作,构建并形成了一个结构严谨、管理规范、执行力强的协作系统,样本对地方政府推动下的跨

---

① 王凤彬,于凤霞.跨职能团队中的综合性控制及其与信任的关系[J].财经问题研究,2006(1).

② Mary Uhl-Bien, George B. Graen. Individual Self-Management: Analysis of Professionals' Self-Managing Activities in Functional and Cross-Functional Work Teams[J]. Academy of Management Journal, 1998(3).

职能团队协作运作提供了很好的范本。第三,样本研究的便利性。研究组与青奥组委会同在一个城市,有利于定期对样本进行跟踪调研,青奥组委会从宣传网站可获得媒体报道以及官方的某些红头文件,便于研究的多样化资料的获取和相互印证比较。

(二) 数据收集

Yin 指出,在案例研究中,使用多种来源的资料有利于研究者全方位地研究问题,其最大的优点在于不同途径的资料相互印证可以形成证据三角形。[①] 本书通过收集一手资料结构化深度访谈、二手资料"红头"文件和媒体报道对青奥组委会的研究形成证据三角形。从 2010—2014 年间,笔者先后 5 次对青奥组委会部门经理及员工进行深度访谈,前后共访谈了 5 名部门处长(编号为 A01-A05),8 名基层工作人员(B01-B08),实行半结构化访谈。根据事先准备好的访谈提纲提问,同时还顺着访谈对象的思路提问,让访谈对象尽可能地提供更多的相关信息。主要围绕"青奥组委会怎么实现刚性与柔性协作""协作时为什么要这么做""对公务员能力提升有什么帮助"等开放式问题进行提问,访谈记录整理为 15 000 多字。而对于青奥会的外媒报道,我们在 2 259 条(2010 年 10 月 10 日至 2014 年 8 月 31 日)中遴选了 191 条和青奥组委会协作相关的报道作为外媒资料。对于青奥组委会的内部资料,我们收集了下发到青奥组委会的部分与协作相关的官方"红头文件"与青奥组委会下发到各个部门的部分内部文件。

(三) 数据分析

1. 编码分析

本书在编码时,第一步,研究团队先把纳入研究的访谈记录、外媒报道和内部红头文件进行仔细分解,根据资料的语义、事项、事件共分解了 501 个条目。第二步,研究团队分两组分别进行编码,对每一阶的概念析出都进行充分讨论。第三步,对编码不一致的条目进行充分讨论,对一些

[①] 罗伯特·K.殷.案例研究:设计与方法[M].周海涛,等译.重庆:重庆大学出版社,2012:69-124.

从属于2类或3类概念的条目进行重点讨论,如果成立,就把条目分别归类到不同的概念里。第四步,我们还发现一手资料中有些条目相互冲突,我们和访谈对象进行再核实,最终确定正确的条目编码与归类。第五步,请两位管理学副教授对编码进行了检查,并对前三轮编码存在的问题进行质疑,和研究成员进行讨论。运用Nvivo10.0对资料进行开放式编码,归纳为42个初始概念,在初始概念的基础上进一步分析得到一阶概念16个,在一阶概念的基础上分析得到二阶概念5个,最终对二阶概念进行提炼得到2个协作系统类型(三阶概念)(见表32)。

表32 编码范畴化示例

三阶概念	二阶概念	一阶概念	原始资料语句(初始概念)
结构型	管理控制	团队决策授权	高层决策权(驻场办公的副秘书长每周一会,开周例会,有一部分的决策权,在一些日常工作推进方面会有一些权限)。部门权限(其他剩下的部门内部的具体工作,就是自己部门内部可以解决的)(FT)。
		组织结构层级系统	部门设置(根据赛会任务的职责要求,2010年10月10日成立了南京青奥组委会,在筹办过程中,青奥组委会调整优化部门设置,现设18个职能部门)(GW)。项目负责人设置(组委会将青奥会的筹办工作分为588个里程碑节点(MS),并设立43个领域负责人(FA),分别负责各个领域相关工作)(FT)。
		政府推动与领导决策	国际领导推动(罗格再次莅临南京,青奥会已步入"南京时间")(WM)。南京市政府领导推动(青奥会的特色就是行政管理加项目管理,当然了,最终还是领导说了算,青奥会这种需举社会之力来办的大事,一般是要借助政府的号召力量)(FM)。

续表

三阶概念	二阶概念	一阶概念	原始资料语句(初始概念)
结构型	管理控制	部门分工调配	信息调整分工(体育部每一版的竞赛的赛程调整及时通过OA或者邮箱发给各个职能部门过目,职能部门再据此进行调整)(FM)。
		团队与正式组织平衡	团队领导工作平衡(有些部领导都是机关部委办局的一些副局长、副主任,有的还是在原单位分工不变,后来慢慢地减少分工,分管一两个处室,到现在就是全脱产,特别是今年,必须要全身心投入,扎根青奥)(FT)。
	信息共享	信息技术共享	PMOA系统协同(PMOA系统的用户数也在不断扩大,由最初2010年的30余人到2014年的3 000余人,形成组委会与各个场馆大集中的统一协同办公平台)(FT)。
		团队面面沟通	会议沟通(真正的大的项目管理沟通最有效、最直接的是面对面的沟通,所以我们七八个会议室,每天都在抢会议室,职能与职能之间,部门与部门之间,开会梳理工作的职责清晰不清晰)(FT)。
		团队培训交流	技能培训(工作人员实行按需培训,组织开展青奥会通用知识和岗位任职培训工作,不断提高工作人员的履职能力和水平)(GW)。国际交流(第一届夏季青奥会在新加坡举行,南京选派50名青奥会工作人员赴新加坡参与办会,学习赛事组织运行和管理)(WM)。
		良好的工资计划	机关人员工资(从机关过来的,工资相当于原单位的),社会招聘人员工资(社会招聘,是一个市场价,年轻的也能拿到不错的工资)(FT)。

续表

三阶概念	二阶概念	一阶概念	原始资料语句(初始概念)
结构型	激励管理	规范的绩效机制	工作人员考核(工作人员实行分级考核,各部门领导由南京青奥组委会党组进行考核),处级领导考核〔处(室)负责人及以下人员由南京组委机关党委、市委组织部、人力资源部和各部门共同考核〕(GW)。
		内部晋升机制	内部提拔(我们最近刚提拔了一批,这次体制内、体制外都有,只是方式不一样。体制内的就是任命,体制外的就是聘任、聘用)(FT)。
		奖金或其他激励计划	工作补贴(南京青奥组委会发放适当的工作补贴)(GW),荣誉(对个人来讲会有一些物质奖励,但是都奔着这个是不可能的。有个荣誉还是非常不错的,有一个二等功或三等功,钱倒是次要的)(FT)。
关系型	文化建设	团队文化推广	面向社会文化推广("奔向2014青奥年"元旦长跑在玄武湖举行)(WM)。内部文化建设(除了去年,我们每年年终都有一个联欢会,每个部门要出一个节目,都有文化主题,还是不错的,精彩纷呈的,大家很愿意参与,规格层次水平很高)(FT)。
		成员情感承诺	自豪感(在高强度的历练中得到了锻炼,也是一种人生体验,青奥会成功举办,让我们对青奥会有一种发自内心的自豪感)(FT)。热情(毕竟是IOC的赛事,南京第一次承办这样的国际综合赛事,组委会同事们工作的热情还是很高的)(FT)。
	成员信任	成员承诺兑现	兄弟义气(中国需要一些人情色彩在里面,我们一个部门就像一家人,相互信任,工作时会说"兄弟的事情好好弄,不要弄砸了")(FT)。

续表

三阶概念	二阶概念	一阶概念	原始资料语句(初始概念)
关系型	成员信任	成员私下成为朋友	共同成长(我说到现在又相当于上了一次大学,四年多嘛,结交了一帮很好的朋友)(FT)。感情良好(在这里认识了很多同事,有些在合作中感情已经很好,要解散了,当然舍不得)(FT)。

注:访谈编码为 FT,外媒编码为 WM,内部红头文件编码为 GW。

为了确保数据和研究的准确性和安全性(涉及政府保密信息需删除),我们把研究过程及初步结论和青奥组委会进行了反馈和沟通,得到青奥组委会相关部门的认可。

三、研究结论

公共部门跨职能团队协作系统是指跨职能团队在运行中,为了实现公共服务目标,应对治理环境变化与行政管理创新压力,正式组织与跨职能团队相互依存、相互补充,并以跨职能团队为主的公共部门主导下的整合与协调系统。与有效性相对应,公共部门跨职能团队协作系统首先是一个以提高行政效率为导向、以目标任务为核心的任务实现系统,各种子系统在政府统一调配与管理下,通过协同行为,执行团队所赋予的使命,朝着团队目标努力。这种结构性的控制系统成为公共部门跨职能团队的刚性因素。与能率相对应的则是公共部门跨职能团队协作系统的第二个系统,即与团队成员的情感需求有关的柔性因素,团队成员在一个共同的目标激励与文化感染下,有对团队目标实现的责任感,对团队的深厚感情以及对离开团队带来损失的估算,组成了团队成员与团队之间关系的一种心理状态[1],这种以关系为导向的协作系统成为促进公共部门跨职能团队的柔性系统。以控制和关系为纽带,公共部门跨职能团队协作系统实现任务需求、情感需求的平衡与协调,成功完成团队任务。由此,提出命题1:刚性的结构性因素与柔性的关系性因素构成了公共部门跨职能

---

[1] H. S. Becker. Notes on the Concept of Commitment[J]. American Journal of Sociology,1960(66).

团队协作系统。

我国公共部门跨职能团队决策大多通过行政管理手段实现,管理控制成为结构性协作系统的主要因素,知识共享则如文献中提到的,我国公共部门跨职能团队提供较多的资源发展成员的学习意图和提高成员共享知识的能力[1],以任务为导向促进最佳的学习以及提升团队解释信息的能力[2],管理激励则以多样化的形式调动成员积极性,拓展成员职业生涯。管理控制推动着公共部门跨职能团队协作系统演化,信息技术系统与面面沟通支撑着公共部门跨职能团队知识共享,精神激励成为公共部门跨职能团队激励管理的主要形式。由此,公共部门跨职能团队通过临时的行政组织结构、行政授予的权力、规范的工作流程等实现管理控制,通过信息技术系统、交流培训、面面沟通等实现横向与纵向知识共享,通过绩效考核、团队及个人薪酬、职务晋升等实现激励管理,共同构建公共部门跨职能团队结构性协作系统。由此,提出命题2:结构性协作系统由管理控制、知识共享与激励管理因素构成。

作为临时性组织,跨职能团队文化建设对于协作系统构建起着举足轻重的作用,通过文化建设宣扬团队的共同愿景,使部门、成员之间相互依存,激励团队成员主动向目标努力,提升团队凝聚力与向心力。[3] 公共部门跨职能团队目标体现公共服务性,它代表着政府的行为并影响着政府的公信力,所以公共部门跨职能团队文化建设是政府倡导下的带有社会影响力的文化建设。团队成员在协作中相互信任,把团队中的其他人看成是我们而不是他们,建立了良好的协作关系与深厚的私人关系。文化建设提升了公共部门跨职能团队的凝聚力,成员信任营造了公共部门跨职能团队的和谐协作关系,通过团队文化建设及成员信任实现公共部门跨职能团队的关系性协作,不仅带有情感需求,还包括对政府倡导的核

---

[1] Jacky F. L. Hong, Vai Sara. Knowledge-Sharing in Cross-Functional Virtual Teams[J]. Journal of General Management, 2008(2).

[2] Mark A. Clark, Susan D. Amundason, Robert L. Cardy. Cross-Functional Team Decision-Making and Learning Outcome: a Qualitative Illustration[J]. Journal of Business and Management, 2002(3).

[3] Wong Alfred, Tjosvold Dean, Liu Chunhong. Cross-Functional Team Organizational Citizenship Behavior in China: Shared Vision and Goal Interdependence among Departments[J]. Journal of Applied Social Psychology, 2009(12).

心价值观的认同。由此,提出命题3:关系性协作系统由文化建设、成员信任因素构成。

为此,提出公共部门跨职能团队协作系统的理论框架(见图14)。

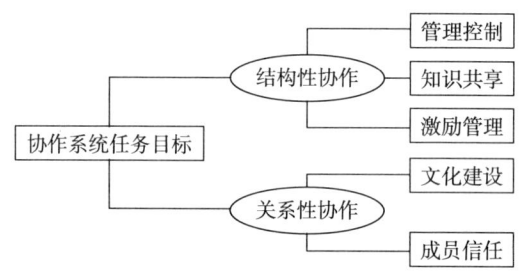

图14　公共部门跨职能团队协作系统框架

在公共部门跨职能团队协作系统构建过程中,为了在短期内迅速达成团队目标,在快节奏的整合与调配中使团队中的青年公务员的能力得到很大的提升,结构性协作系统培养并提升了团队中青年公务员的决策能力、分工协作能力、信息技术运用能力、沟通能力、项目管理能力、人事行政管理能力等各项能力,而关系性协作则培养了团队中青年公务员的文化推广能力、团队协作能力等各项能力。由此,提出命题4:公共部门跨职能团队协作系统提升青年公务员综合能力与专业技术能力。

四、启　示

青奥组委会的成功案例为我国公共部门跨职能团队协作系统构建与公务员胜任力提升,进而为我国行政管理方式创新提供了很好的范本,具有很好的普适性。基于案例研究,公共部门跨职能团队在协作系统构建过程中对提升公务员能力具有以下几点启示。

1. 以团队目标达成与角色配置培养青年公务员的能力

公共部门跨职能团队一切活动的宗旨就是确保团队目标的达成,团队角色配置也不例外。为了更好地服务团队目标,跨职能团队应结合团队目标分解与职能分工,按照角色分类逐一明确团队成员标准(如能力要求或岗位要求等),提出配置建议,由人事部门根据一定的方式统一进行人员配置管理。一是以能力配团队。即根据跨职能团队成员应具备的各项要求,在符合条件的人群中采用自愿报名、部门推荐、竞争上岗等方式,选拔团队成员或在后备人才中确定目标人选。二是以岗位配团队。即根据跨职能团队承担的主要项目任务,直接明确将某岗位人员推荐为团队成员。三是以部门配团队。即根据跨职能团队承担的主要职责,直接指定由某个部门全面承担某个团队的实体化运作。同时,为了保证青年公务员能力与岗位动态匹配,允许团队成员适当流动;为了避免出现团队成员重复配置、一人兼多团队岗位而疲于应付的现象,应减少团队成员交叉配置;为了让公务员在公共部门跨职能团队中施展才干、提升素质,在团队负责人及核心成员的选择上,要尽量为后备干部积累管理经验提供机会,为后备人才强化专业技能提供舞台,促进组织和个人共同发展,实现双赢。

2. 以激励系统在正式组织的存续性激发青年公务员的潜能

公共部门跨职能团队完成任务解散后,团队成员可以面临两个选择,一是回原单位并按照原单位的要求重新考核与晋升,二是被调配到另外的公共部门,但是这样就要重新积累晋升的资本,这会让跨职能团队成员认为在跨职能团队期间耗费了最宝贵的职业晋升时间,并严重影响跨职能团队成员的工作积极性。所以,需要制定完善的对接机制,让公共部门跨职能团队成员的绩效考核系统实现在正式组织中的存续性。由此,在跨职能团队设置时,团队政府主管部门就应制订实现跨职能团队绩效考核与晋升系统正式对接的管理制度,明确跨职能团队绩效考核与晋升结果在正式组织中的认可程度,即跨职能团队主管部门或最高领导对跨职能团队及团队成员工作实绩进行考核与评定,出具工作鉴定,传递到团队成员所在的正式组织,为其考核评优及晋升提供重要参考,解决团队成员后顾之忧,均衡跨职能团队与正式组织的利益。只有这样,才能让公共部门跨职能团队的协作有序,并激发青年公务员潜能。

3. 以良好的团队文化激发青年公务员的协作意愿

公共部门跨职能团队作为一个临时性的组织,文化建设及成员感情承诺本身就存在困难,但是良好的团队文化和成员对团队的情感承诺却是跨职能团队协作营运的润滑剂,在柔性管理中激发成员的创新热情与协作意愿。公共部门跨职能团队文化建设及成员感情承诺培养对领导层提出了较高的要求,不仅需要把目标管理与民主管理相平衡、刚性的制度规范与柔性的文化活动相结合,还要充分发挥政府的感召力与推动力,以"开放、高效、协作、民主"为价值导向,高度重视并积极引导团队文化的建设,强调团队目标实现的价值与意义,不断强化价值观推广,增强团队成员对团队目标及价值观的认可,激发团队成员由内而外地把热情投入到工作中去,增强团队成员协作能力。

第八节 压力管理制度解决上的行为回应

一、压力管理下组织输出的行为回应

李克强总理在2016年政府工作报告中对政府的行为输出作了清晰的界定:加强政府自身建设,提高施政能力和服务水平。各级政府及其工作人员要严格遵守并推动简政放权、放管结合、优化服务改革向纵深发展。以敬民之心,行简政之道,切实转变政府职能、提高效能。从顶层设计到社会监督都要求政府的公共服务输出质量满足各方需求。政府制度层次上的心理援助计划、职业生涯设计、培训、跨职能团队构建等各项举措在政府内部创造一种人性化的管理模式,从内部让青年公务员感觉到来自组织的关怀与温暖,并外化为高质量的工作绩效,表现为更投入地工作、更耐心地面对群众、更迅速地回应社会各方面需求,即高效能的服务输出。通过职业生涯、培训、跨职能团队构建等人性化管理模式不仅能提高青年公务员的满意度,更能把政府打造成一个学习型组织,在政府内部形成一种积极向上的学习氛围,并且推动着组织不断创新、与时俱进,进而营造和谐的组织文化。

总之,政府组织层次上对青年公务员压力管理的各种制度设计,不论是高效的服务效能输出,还是学习型组织的构建,其最终目的是让政府转换角色,通过内部管理的修炼和提升来促进政府的整体管理水平的发展,对外以公共利益代表者角色来平衡与协调好社会各种利益关系、政治力量与社会矛盾,采用社会公认的公共伦理的正当性来获得社会认同,并基

于互惠合作、理性权衡对各种相互冲突的价值需求进行平衡与制约,这样政府才能在全社会范围内建立政治权威,让民众产生服从的心理效应。

二、新形势下青年公务员个体层次上的压力自我管理

德鲁克认为,获得成就的人不是百万富翁,而是能作出贡献、享受了充实的人生和实现了自己人生意义的人。而这种成就需要围绕如何发挥自己的优势和实现自我价值,依靠好的、自觉的自我管理来获得。以上组织层次上的人本化管理措施体现了组织对于青年公务员的人性尊重和成长关注,以减缓青年公务员过大的工作压力。从个性层次来看,青年公务员还需要学会对压力的自我管理,学会科学应对压力。逃避压力就跟逃避食物、逃避运动一样不合理。过重的压力固然不幸,而对压力的逃避更会让你痛苦不已。其实,对于青年公务员来说,自如地应对适度的压力,具备良好的心理调适能力是身心健康的表现,有利于促进青年公务员自信心与工作能力的不断提升,也会带来良好的工作绩效。所以,通常有人会说"压力就是动力"。但是当压力的强度加大或持续的时间加长,超过了正常的值阈,就会引起生理、心理的不适感,有些青年公务员不知如何应对压力,茫然不知所措,采取否定、退化、幻想、压抑、转移、冷漠和执拗等消极的方式,这不仅会影响到他们的正常工作,甚至会影响他们的生活及社会交往,这里就需要采取一定的方法与策略来缓解和降低压力,青年公务员的压力应对策略主要表现在情绪层面和认知层面上。

1. 情绪管理

长期性的高度压力会使机体产生一种非特异性生理反应,主要表现为身心不适、内心冲突、家庭系统动力关系不明确、社会角色模糊以及对工作的不满意等。学者们研究发现,消极情绪在压力源与心理健康之间起部分中介作用。压力源会让个体产生消极情绪,而消极情绪又直接影响个体的心理健康水平,这说明消极情绪在压力机制中扮演了非常重要的角色。[1] NA(Negative Affectivity)即负性情绪,是一种体验低自尊和

---

[1] 汤超颖,衣冰,赵丽丽.消极情绪、情绪表达规范与工作压力下的员工心理健康[J].中国人力资源开发,2011(11).

负面情绪的个体倾向,这种倾向高的人更容易关注他人及整个外部世界的消极方面,并容易体验到高水平的抑郁,它是一种稳定的情绪特质。[1] 所以,缓解过度压力首先必须从负面情绪上进行疏导。一般情况下,过度压力如果没有引起严重的心理疾病,便可以通过自我管理的方式对负面情绪进行疏导与宣泄。不能过于压制情绪,这会导致心理障碍,甚至可能导致某些生理疾病。面对负面情绪,我们需要通过合理的方式去释放。哭泣、流泪能释放情绪,帮助个人认识自己真实的感情,还有助于自己身边所爱、所信任的人更彻底地了解自己,在适当的时候给予同情和支持;倾诉是一种很好的宣泄方法,找个善解人意的人说说,向亲密的朋友、家人、配偶倾诉,可以让个人的压力见得阳光,或者与人分担压力的低迷情绪,获得别人的情感支持,直接取得对方的帮助;听音乐,在轻柔、舒缓的音乐中让自己平静下来;运动,选择自己喜欢并能享受的运动,能产生积极的身心反应,如网球、游泳、羽毛球、足球、乒乓球、篮球等,在运动时能够集中精力、保持愉快的心情;再如看书、旅游,都可以净化心灵,释放负面情绪。

2. 认知调整

从以上对青年公务员工作压力源的分析中可以看出,工作压力感都是由一些事件或情境引起的,所以当工作中一些事件或情境短期内无法改变或依靠个人努力无法消除时,青年公务员可以通过调整认知来缓解压力。

(1) 改变认知。青年公务员的心智还处于不断成熟与发展的阶段,这个阶段有时会对职业目标的设定,人际关系的把握,工作角色定位的判断、推理和思维是模糊和跳跃的,但是青年公务员却会用这种判断、推理和思维指导他们的行为,如果客观的条件不允许,现实与思维指导发生了冲突,从而产生认知歪曲,就会导致青年公务员的情绪困扰和不适应行为。人内心的困扰,来自一些信念系统的冲突,人与人之间的冲突也是起源于两者内心的信念系统的冲突。[2] 推理错误包括极端化思维,如认为这次晋升失败,在机关的职业发展就结束了,这个任务完成不了领导就会

---

[1] 张西超,等.负性情绪在工作压力作用中机制的研究[J].心理科学杂志,2006(4).
[2] 李中莹.NLP简快心理疗法[M].北京:世界图书出版公司北京公司,2005:32.

把我调走等;还有个性化倾向,比如认为同事总是排斥我,人际关系不好导致我上次晋升失败等,通过咨询师疏导或自我反省,发现自己的问题并主动加以改变,改变功能失调的情绪和行为。贝克提出了五种心理咨询时用到的具体治疗技术:识别自动性思维、识别认知性错误、真实性验证、去中心化、忧郁或焦虑水平的监控。当然也可以通过自我管理方法对认知功能性失调进行改变,自我分析与反省,纠正与调整自己与客观情况不符的认知与价值观,对客观事件及自我认知进行重新判断和调整,自我矫正自己的情绪与行为。从心理调适的视角来看,目前的行政人事改革对公务员职业因素的变革,对青年公务员来说有一定的积极意义,社会保障制度改革让公务员能自如实现政府机关与企业间的自由流动,以社会保障制度为基础充分实现人才价值。工资的透明、阳光,从长期来看有利于公务员良好风气的形成,为青年公务员创造一个规范的职业环境,有利于青年公务员的成长。

(2) 悦纳自己。青年公务员要学会悦纳自我,合理应对挫折和压力,培养自己的信心,接受自己的能力和弱点,虽然晋升竞争、工作任务完成等显示实力,但不必事事与人争长短,不必通过击败别人来证明自己的能力。调整好自己的营养、睡眠、形象和生活节奏,坦然面对已经发生的问题,平衡好工作与生活的关系,管理自己的时间,有属于自己的社交生活,做到"自得其乐、助人为乐、知足常乐"。在日常生活中,尽量培养自己的兴趣和爱好,自寻欢乐。如通过琴棋书画陶冶性情,丰富生活;通过读书看报增长知识,开阔视野;通过跑步、做操、打球等锻炼身体,增强体质。助人为乐,常常产生一种"社会需要我"的感觉。这种感觉可给人以追求,给人以力量。知足常乐就是在生活、金钱和地位上向低标准看齐,"良田千顷,日餐不过一斛;华屋万间,夜卧不过五尺",不要过多地追求物质上的享受,学会发现身边平凡而又温暖的幸福,以此安慰平生。如果向高的标准看齐,则会烦恼困惑,长期下去必然有损健康。尽量协调好工作与家庭的关系,营造一种和谐的家庭氛围与亲人关系,让工作压力在与亲人的倾诉中、在家庭温暖的亲情抚慰下得到释放。人在顺境中是比较容易做到知足常乐的,但是在逆境中也要学会知足常乐,那才是真正做到了知足常乐,当在工作中出现负面事件时,尽量去寻找负面事情的正面价值,理性应对工作中的挫折与压力,用积极阳光的心态面对工作和生活。

3. 行为调整

青年公务员经常性的体育锻炼能明显提高其情绪和自尊心,在社会关系等其他生活领域以及工作表现方面也连带产生有益影响。运动能缓解轻度抑郁和紧张,经常锻炼和保持高水平身体健康的人更不易产生焦虑和抑郁情绪;他们对待事物的态度更积极,更能控制自己,睡眠更安稳,更能保持自尊心,对体型和自我形象方面更可起到改善作用。

除了有氧运动减压,还可以积极宣泄或学会遗忘,出去旅游、约好朋友倾诉、逛街、听音乐等。青年公务员不管工作压力多大,都要舍得花费时间来休息。毛主席说过:"睡眠和休息丧失了时间,却取得了明天工作的精力。如果有什么蠢人,不知此理,拒绝睡觉,他明天就没有精神了,这是蚀本生意。"会休息,就会工作,而且能高效工作。高质量的休息对控制压力极为重要。

第六章 研究结论与展望

本书以我国经济社会环境深度调整、政府治理模式从管理型向服务型转型为背景,以政治心理学、压力应激反应理论和资源保存理论为基础,对我国青年公务员的工作压力源、公务员胜任力、工作绩效进行了实证研究,进一步检验了青年公务员工作压力源对工作绩效的影响曲线和胜任力对工作压力源与工作绩效的调节作用,并提出了结构—人性—行为平衡模式下的政府人事管理创新策略。具体研究结论有以下几个方面。

一、研究结论

1. 青年公务员工作压力源现状

本书研究编制了我国青年公务员工作压力源量表,并进行了信度和效度检测,运用自编的青年公务员工作压力源量表测量,发现青年公务员工作压力源主要分为五个因素,分别是职业发展前景压力、工作任务压力、角色模糊压力、人际关系压力和生活压力。其中,生活压力排第一位,职业发展前景压力排第二位,人际关系压力排第三位,男性的工作压力大于女性,市级机关的青年公务员角色模糊压力最大,乡镇街道的青年公务员角色模糊压力最小。

2. 青年公务员胜任力与工作绩效现状

我国青年公务员的胜任力分为五种,按照得分高低依次为执行能力、依法行政能力、学习能力、政治鉴别能力和公共服务能力。执行能力得分最高,这也充分代表了青年公务员的工作特征。而在人口统计变量分析中,工作差异性因素对能力影响显著,随着工作年限的增长,有些胜任能力却会有所变化,比如5年及以下的青年公务员认为自己具备了很好的学习能力,这是新进公务员迅速适应工作的一项非常重要的能力;而工作了6—10年后,政治鉴别力就显得重要了;工作10年以上的青年公务员认为他们具备的最重要的胜任素质是心理调适能力。

青年公务员的工作绩效与任务绩效的均值大于中位数,说明青年公务员工作绩效较好。政府机关层级在关系绩效和任务绩效上有显著差异,乡镇街道的青年公务员关系绩效与任务绩效均值最大。

3. 青年公务员工作压力源对工作绩效影响曲线

青年公务员角色模糊压力源对关系绩效呈正U型关系,当个体感觉角色模糊压力源较小或较大时,关系绩效较好,中等强度的角色模糊压力源使关系绩效降低。生活压力源与关系绩效呈正U型关系,青年公务员的生活压力源较小时,关系绩效较高,随着生活压力源的增加,关系绩效也随之降低,当生活压力源增加到某一个节点时,关系又发生了变化,随着生活压力源的增大,关系绩效也在提高。

人际关系压力源与任务绩效呈线性负相关关系,青年公务员的人际压力源越大,任务绩效越低。生活压力源与任务绩效呈线性正向关系,生活压力源越大,关系绩效越好。

4. 青年公务员胜任力对工作压力源与工作绩效调节作用检验

(1) 胜任力对工作压力源与关系绩效的调节作用。通过数据分析发现,在胜任力对青年公务员工作压力源与关系绩效的调节作用检验中,政治鉴别能力对人际关系平方与关系绩效曲线有负向调节作用,执行能力对人际关系平方与关系绩效曲线有正向调节作用,学习能力对生活压力平方与关系绩效曲线有正向调节作用。

(2) 胜任力对工作压力与任务绩效的调节作用。在胜任力对青年公务员工作压力与任务绩效关系的调节作用检验中,执行能力对工作任务压力与任务绩效有负向调节作用,学习能力对生活压力与任务绩效有正向调节作用。

由此可以看出,学习能力、执行能力和政治鉴别能力是青年公务员工作压力与工作绩效的调节变量,这些能力作为中间介质,减弱了工作压力对工作绩效的负向影响,增强了青年公务员的抗压能力,提升了青年公务员的工作绩效。

5.压力管理视角下的管理对策结论

基于以上实证研究结论,本书提出了基于压力管理视角下的人性—结构—行为平衡模式下的人力资源管理策略,它以人性为基础,人性假设认可公务员的个性具有差异性,心理需求成为行为的驱动因素,面对压力时会作出合理应对。也就是说,我国的政府部门首先要认识到工作压力源对青年公务员的积极作用和消极作用,并在制度设计与管理中充分考虑到青年公务员的压力应对与管理。制度层面上的策略有政府机关心理援助机制、人岗匹配机制、基于胜任力的教育培训机制、人本化的职业生涯发展机制、人性化的绩效评估体系、跨职能团队协作机制。在个体层次上的策略是公务员自身压力管理能力提升机制。

二、研究展望

1.本书研究的局限性

(1)样本量受地域限制。本书的数据主要来自江苏省的政府机关,由于研究受到人力、物力和研究条件等多方面因素的制约,我们仅能局限于江苏省进行调查。因而,我们的研究主要反映了江苏省青年公务员的实际。另外,我们的数据是截面数据,这也是研究的一个主要限制。

(2)青年公务员胜任力测量有待细化。由于样本量过大,本书没有对具体某个系统的青年公务员的胜任力进行调查,没有通过行为事件访谈法对具体某个系统的青年公务员的胜任力进行深入细致的实证研究。

(3)未对青年公务员工作压力感进行测量。本书对青年公务员的工作压力源进行了研究,却没有对青年公务员可能因为压力引起的心理问题,如抑郁、焦虑进行测评,不能更深入地把握目前我国青年公务员因压力源引起的心理健康状况。

2.研究展望

总的来说,本书研究的创新和贡献之处胜过研究的限制方面,期盼未来的研究有更多的收获。以下对未来的研究做一展望。

(1)用政府管理实践案例来检测压力管理策略的可行性。本书基于实证研究提出了一系列融合压力管理的人力资源管理措施,期待在以后的研究中,能有政府愿意试行其中一些充分考虑青年公务员心理需求、心理压力的创新型管理制度,进行理论与实践层次的探索,用鲜活的案例来检验本书提出的理论模型的可能性,并根据实践调整修正,提出更适合青年公务员人性化管理的新型模式。

(2)深入研究青年公务员胜任力及前因变量。针对某个系统或某个专业的青年公务员样本进行胜任力实证研究,建立某系统或某专业的青年公务员包括综合能力和专业能力的胜任力模型,再把胜任力作为调节作用,检测胜任力是否对工作压力源与绩效关系具有调节作用。或进一步丰富胜任力的前因变量,可以引入求职动机、职业价值观等变量作为胜任力的前因变量,研究胜任力对求职动机、职业价值观与工作绩效关系的调节作用。

(3)纵向层次上跟踪研究青年公务员的工作压力源。未来的研究期望在我国其他地区调查数据,并期盼能对原来的样本做跟踪调查,不同的时代背景下青年公务员的工作压力源会产生变化,以当前青年公务员工作压力源的编制流程为基础,进行纵向时间序列的跟踪调查,获取纵向数据,研究时代变迁给青年公务员工作压力源带来的影响,并拓展工作压力源的中介变量和结果变量。当获得时间序列数据后,在变量的交互作用不明显时,可以做一个全面的路径分析,以便考察工作压力源、胜任力和工作绩效等研究变量的因果联系。

参考文献

一、著作

[1] [美]赫伯特 A.西蒙.管理行为[M].北京:机械工业出版社,2004.
[2] 赵曙明.人力资源管理研究[M].北京:中国人民大学出版社,2000.
[3] [美]彼得·德鲁克.管理的实践[M].齐若兰,译.北京:机械工业出版社,2006.
[4] [美]彼得·德鲁克.德鲁克日志[M].蒋旭峰,王珊珊,等译.上海:上海译文出版社,2006.
[5] [英]霍布斯.利维坦[M].黎思复,黎廷弼,译.北京:商务印书馆,2010.
[6] [美]乔治·弗雷德里克森.公共行政的精神[M].张成福,等译.北京:中国人民大学出版社,2003.
[7] [美]戴维·奥斯本,特德·盖布勒.改革政府:企业家精神如何改革着公共部门[M].周敦仁,等译.上海:上海译文出版社,1998.
[8] [美]沃特·谢弗尔.压力管理心理学[M].方双虎,等译.北京:中国人民大学出版社,2009.
[9] [英]格雷厄姆·沃拉斯.政治中的人性[M].朱曾汶,译.北京:商务印书馆,1995.
[10] 黄希庭.心理学导论[M].北京:人民教育出版社,2009.
[11] [美]尼古拉斯·亨利.公共行政与公共事务[M].张昕,等译.北京:中国人民大学出版社,2002.
[12] [美]查尔斯·J.福克斯,休·T.米勒.后现代公共行政:话语指向[M].楚艳红,等译.北京:中国人民大学出版社,2002.
[13] 陈晓明,杨鹏.结构主义与后结构主义在中国[M].北京:首都师范大学出版社,2002.
[14] [美]珍妮特·V.登哈特,罗伯特·R.登哈特.新公共服务:服务,而不是掌舵[M].丁煌,译.北京:中国人民大学出版社,2004.

[15] 舒晓兵.管理人员的工作压力与工作效率研究[M].武汉:武汉大学出版社,2007.

[16] 埃文·伯曼,等.公共部门人力资源管理:悖论、流程和问题[M].祁光华,译.北京:北京大学出版社,2008.

[17] 刘玉新.工作压力与生活:个体应对与组织管理[M].北京:中国社会科学出版社,2011.

[18] 彭剑锋.人力资源管理概论[M].上海:复旦大学出版社,2011.

[19] 萧鸣政.人员素质测评理论与方法[M].北京:北京大学出版社,2011.

[20] [法]奥古斯特·孔德.论实证精神[M].黄建华,译.北京:商务印书馆,1996.

[21] 侯杰泰,温忠麟,成子娟.结构方程模型及其应用[M].北京:教育科学出版社,2004.

[22] 景怀斌.公务员职业压力:组织生态与诊断[M].北京:中央编译出版社,2011.

[23] R. S. Lazarus, S. Folkman.Stress, Appraisal, and Coping[M].New York:Springer,1984.

[24] R. S.Lazarus. Psychological Stress and the Coping Process[M].New York:McGraw-Hill,1966.

二、期刊论文

[1] 张辉.论和谐社会政府人际关系的构建[J].党政干部论坛,2005(11).

[2] 胡冰.胜任力管理:公共部门人事管理改革的新视角[J].中国行政管理,2011(4).

[3] 王辉,李晓轩,罗胜强.任务绩效与情境绩效二因素绩效模型的验证[J].中国管理科学,2003(4).

[4] 姜乾金,黄丽,王守谦,等.生活事件、情绪、应对与心身症状探讨[J].中国心理卫生杂志,1996(4).

[5] 夏凌翔.自立人格与心身症状:特质—应激—症状相符中介模型的检验[J].心理学报,2011(6).

[6] 陈炳,高猛.结构主义与官僚制:对传统公共行政的话语透析[J].中国行政管理,2011(2).

[7] 刘亚林.EAP(员工援助计划)研究综述[J].经济与管理研究,2006(6).

[8] 宁本荣.试论我国公务员援助计划的实施困境与有效路径[J].中国行政管理,2008(7).

[9] 何跃,李晓萌.公务员援助计划的实施模式与运行路径[J].郑州航空工业管

理学院学报,2009(4).

[10] 时雨,刘聪,刘晓倩,等.工作压力的研究概况[J].经济与管理研究,2009(4).

[11] 王重鸣,陈民科.管理胜任力特征分析:结构方程模型检验[J].心理科学杂志,2002(5).

[12] 赵曙明,杜娟.企业经营者胜任力及测评理论研究[J].外国经济与管理,2007(1).

[13] 马灿.公务员胜任力模型:特点及构建方法[J].山东行政学院学报,2011(2).

[14] 王伟英,龙太江.建立和应用公务员胜任力模型存在的主要问题探析[J].理论前沿,2009(9).

[15] 杜兴洋,田进.基于公务员胜任力的职业发展路径研究:以湖北省为例[J].中国行政管理,2011(11).

[16] 陈芳,李铁斌.基于胜任力的测查式公务员培训新探:以湖北省省直机关处级公务员为例[J].中国行政管理,2012(7).

[17] 李春玲.当前青年公务员胜任力的人岗匹配分析:以北京市某区机关青年公务员为例[J].云南行政学院学报,2009(4).

[18] 李越恒,胡振华.基于胜任力模型的公务员绩效考评研究[J].湘潭大学学报(哲学社会科学版),2009(6).

[19] 宋朝丽.运用胜任特征模型应对公考结构化面试[J].领导科学,2012(13).

[20] 梁建春,付孝莉,时勘.政府公务员管理胜任特征初探[J].经济论坛,2007(9).

[21] 周敏.行政执法类公务员胜任力素质技能标准研究:以税务系统公务员为例[J].中国行政管理,2012(12).

[22] 张建卫,张华伟,刘玉新.社会变革期领导干部的工作压力:理论解析与管理策略[J].中国行政管理,2011(2).

[23] 商磊,张家云.乡镇公务员工作压力成因及应对策略[J].中国行政管理,2009(6).

[24] 中共四川广安市委组织部课题组.基层领导干部心理健康问题的成因及治理建议[J].领导科学,2010(30).

[25] 何小师,郎福臣,尚天晓.公务员工作压力源的调查与思考[J].职业时空(研究版),2005(6).

[26] 封丹珺,石林.公务员工作压力源问卷的初步编制[J].中国心理卫生杂志,2005(5).

[27] 焦璨,张敏强,黄泽娟,等.澳门公务人员工作压力与心理健康的关系研究[J].人类工效学,2010(3).

[28] 闵慧男.公务员心理压力分析与压力管理[J].哈尔滨市委党校学报,2009(6).

[29] 常征,王娟.女性公务员心理健康状况研究:以北京市H区为例[J].中国行政管理,2011(6).

[30] 聂晓莉,薛琪,赖名慧,等.税务部门公务员亚健康现况及影响因素分析[J].中国公共卫生杂志,2010(5).

[31] 徐静英.转型期公务员思想变化特点研究[J].人民论坛,2011(17).

[32] 姜文锐,马剑虹.公务员和企业员工工作生活压力比较研究[J].人类工效学杂志,2003(1).

[33] 封丹珺,石林.公务员工作压力源问卷的初步编制[J].中国心理卫生杂志,2005(5).

[34] 袁方,朱冽烈,白湘云.领导干部心理健康和工作压力状况研究[J].中国行政管理,2009(11).

[35] 叶龙,张文杰,姜文生.管理人员胜任力研究[J].中国软科学杂志,2003(11).

[36] "上海市国家公务员能力素质标准研究"课题组,王体法.上海市国家公务员能力素质标准研究[J].公共行政与人力资源,2004(1).

[37] 郑学宝,孙健敏.县域经济发展与县级党政领导正职的胜任力模型研究:以广东省为例[J].学术研究,2006(1).

[38] 于永达,林向峰,张远东.基于PLS的领导人才胜任力测评方法研究[J].改革,2005(1).

[39] 胡月星.司处科三级公务员胜任力调查[J].决策,2012(6).

[40] 叶龙,刘岚.国家部委公务员胜任素质模型构建方法研究[J].中国行政管理,2008(7).

[41] 郑烨,王明杰,李金龙.少数民族地区公务员胜任力模型构建研究:基于新疆维吾尔自治区的实证调研[J].西南民族大学学报(人文社会科学版),2011(3).

[42] 王丛漫,宁文华,孟双见,等.河北省直机关公务员胜任力模型的构建[C].河北科技大学学报(社会科学版),2007(3).

[43] 黄焕山,刘帆.岗位匹配系统论[J].广东行政学院学报,2000(5).

[44] 尹继卫.能力本位:英国高级公务员培训新取向[J].中国行政管理,1997(11).

[45] 宁宁.论公务员培训的创新[J].中国行政管理,2007(11).

[46] 孔春梅.基于职业发展视角的公务员培训激励机制研究[J].中国行政管理,2007(7).

[47] 饶伟国,肖鸣政.公务员培训参与动机分析[J].管理世界,2007(10).

[48] 何丽君.公务员培训设计新视角:基于胜任力[J].中国人才,2009(17).

[49] 孙建丽.公务员培训制度完善方向探析:基于上海市公务员培训实践的研究[J].行政论坛,2011(3).

[50] 杜保友,孔祥利.国外公务员培训质量评估制度的经验借鉴与启示:以美国、加拿大、英国、法国和新加坡五国为例[J].湖北行政学院学报,2011(4).

[51] 梁丽芝,郑凤娇.中国专业技术类公务员职业的发展路径[J].求索,2007(2).

[52] 戴良铁.国家公务员职务职级双轨制的探索[J].管理世界,2007(5).

[53] 韩叶盛,陈文龙.基于职业锚理论的我国公务员职业生涯管理研究[J].北方民族大学学报(哲学社会科学版),2009(6).

[54] 梁文懋,杨龙兴.我国公务员职业生涯规划支持体系建设刍议[J].江西社会科学,2006(8).

[55] 金冬梅,李业昆.青年公务员职业生涯导航设计[J].中国人才,2009(15).

[56] 黄婷婷.论我国公务员职业生涯管理的现状与对策[J].襄樊职业技术学院学报,2007(4).

[57] 胡丽文.浅谈公务员职业生涯咨询系统的构建[J].求实,2006(A1).

[58] 赵子建,周敏.论以能力管理为基础的行政执法类公务员管理平台的构建:以税务系统为例[J].中国行政管理,2012(2).

[59] 周敏.行政执法类公务员胜任力素质技能标准研究:以税务系统公务员为例[J].中国行政管理,2012(12).

[60] 盛明科.服务型政府绩效评估体系的基本框架与构建方法[J].中国行政管理,2009(4).

[61] 彭国甫.价值取向是地方政府绩效评估的深层结构[J].中国行政管理,2004(7).

[62] 顾兴良.提高政府绩效评估科学化水平的路径选择[J].领导科学,2011(23).

[63] 陈小林,钱德春.绩效沟通:政府绩效管理中的重要环节[J].西南民族大学学报(人文社科版),2005(1).

[64] 徐相锋.政府绩效评估方式的分析与建议[J].郑州大学学报(哲学社会科学版),2011(4).

[65] 汤超颖,等.消极情绪、情绪表达规范与工作压力下的员工心理健康[J].中国人力资源开发,2011(11).

[66] 张西超,等.负性情绪在工作压力作用中机制的研究[J].心理科学杂志,2006(4).

[67] 温忠麟,等.中介效应检验程序及其应用[J].心理学报,2004(5).

[68] 张红涛,王二平.态度与行为关系研究现状及发展趋势[J].心理科学进展,

2007(1).

[69] 梁宝勇.应对研究的成果、问题与解决办法[J].心理学报,2002(6).

[70] 刘云波.青年军人心理应激及其管理干预研究[D].重庆:第三军医大学,2011.

[71] 郭太龙.L市行政执法类公务员胜任力研究[D].沈阳:辽宁大学,2012.

[72] 杨雪莹.基于胜任力的公务员绩效测评体系研究[D].开封:河南大学,2010.

[73] 李明斐.公务员胜任力模型的构建与检验研究[D].大连:大连理工大学,2006.

[74] 侯奕斌.科级公务员胜任特征及相关因素研究[D].广州:暨南大学,2007.

[75] 舒倩.中央机关科级及以下公务员胜任力研究[D].北京:首都经济贸易大学,2011.

[76] 冯珊瑚.澳门公务员胜任力模型结构探讨[D].广州:暨南大学,2007.

[77] A. Hondeghem, F. Vandermeulen. Competency Management in the Flemish and Dutch Civil Service[J]. International Journal of Public Sector Management, 2000(4).

[78] JanetBogg, Cary Cooper. Job Satisfaction, Mental Health, and Occupational Stress among Senior Civil Servants[J]. Human Relations, 1995(3).

[79] W. C. Borman, S. J. Motowildo. A Theory of Individual Different in Task and Contextual Performance[J]. Human Performance, 1997(2).

[80] J. M. Conway. Distinguishing Contextual Performance from Task Performance for Managerial Jobs[J]. Journal of Applied Psychology, 1999(1).

[81] Daniel M. Cable, DeRue D. Scott. The Convergent and Discriminant Validity of Subjective Fit Perceptions[J]. Journal of Applied Psychology, 2002(5).

[82] Rowland Egger. Civil Servants at Mid-Career: Management Training in American Universities[J]. Public Administration, 1976(1).

[83] Hans Selye. A Syndrome Produced by Diverse Nocuous Agents[J]. Nature, 1936(3479).

[84] Bosma Hans, Peter Richard, Siegrist Johannes, et al.. Two Alternative Job Stress Models and the Risk of Coronary Heart Disease[J]. American Journal of Public Health, 1998(1).

[85] S. E. Hobfoll. The Influence of Culture, Community, and the Nested-Self in the Stress Process: Advancing Conservation of Resources Theory[J]. Applied Psychology: An International Review, 2001(3).

[86] J. M. Ivancevich, M. T. Matteson, S. M. Freedman, et al.. Worksite Stress

Management Interventions[J].American Psychologist,1990(2).

[87] Lopes Claudia S.,Araya Ricardo,Werneck Guilherme L.,et al.. Job Strain and other Work Conditions: Relationships with Psychological Distress among Civil Servants in Rio de Janeiro, Brazil[J].Social Psychiatry and Psychiatric Epidemiology, 2010(3).

[88] Marleen Brans,Annie Hondeghem.Competency Frameworks in the Belgian Governments: Causes, Construction and Contents[J].Public Administration,2005(4).

[89] J.G.Miller.Information input Overload and Psychopathology[J].American Journal of Psychiatry,1960(8).

[90] Lallukka T., Chandola T., Roos E., et al.. Work-Family Conflicts and Health Behaviors among British, Finnish, and Japanese Employees[J].International Journal of Behavioral Medicine,2010(2).

[91] D. S. Wallace, R. M. Paulson, C. G. Lord, et al.. Which Behaviors Do Attitudes Predict? Meta—Analyzing the Effects of Social Pressure and Perceived Difficulty[J].Review of General Psychology,2005(3).

[92] Westman Mina.The Inverted—U Relationship between Stress and Performance: a Field Study[J].Work and Stress,1996(2).

[93] Wolfgang Mayrhofer,Michael Meyer,Alexandre Iellatchitch, et al.. Careers and Human Resource Management: a European Perspective[J]. Human Resource Management Review,2004(4).

附 录:调查问卷

编号:_____

A 卷
(此卷由公务员本人填写)

尊敬的干部:

此问卷是对公务员工作压力源、能力的基本情况进行调查和研究。问卷所获取的资料仅限于研究之用,不作任何其他用途。对于问卷涉及的信息和资料,我们将严格保密,决不向任何第三方提供。敬请百忙之中予以协助!

【问卷填写】请按问卷上提示的相关要求进行填写,不可空项。

【问卷回收】A卷和B卷填好、核对编号一致后,把"市+编号+A或B"作为文件名保存,以附件的形式发给我们。如南京的一位编号为001的考录公务员的问卷编号则为"南京001A",其直接上级的问卷编号则为"南京001B"。

南京师范大学公共管理学院课题组

个人基本状况(A卷)

请在题目前括号内填写相应的阿拉伯数字。

( )1. 您的性别:
   (1)男 (2)女

( )2. 您的年龄:

(   )　(1) 20—29岁　(2) 30—39岁

(   ) 3. 您的婚姻状况：
(1) 已婚　(2) 未婚

(   ) 4. 您的学历：
(1) 大专　(2) 本科　(3) 硕士　(4) 博士

(   ) 5. 您上一年度的考核等级：
(1) 优秀　(2) 称职　(3) 基本称职　(4) 不称职

(   ) 6. 您考录公务员后的工作年限：
(1) 5年及以下　(2) 6至10年　(3) 11至15年

(   ) 7. 你现在的职级是：
(1) 处级　(2) 副处级　(3) 科级　(4) 副科级　(5) 一般工作人员

(   ) 8. 您担任现职的年限：
(1) 5年及以下　(2) 6至10年　(3) 11至15年

(   ) 9. 您所在的政府机关层级：
(1) 省级　(2) 市级　(3) 区县　(4) 乡镇(街道)

(   ) 10. 请问您考录的公务员的职位分类是：

(1) A类，即国家机关和相关机构中，从事政策、法律法规、规划等的研究起草工作和政策、法律法规、规划实施的指导、监督检查工作，以及从事机关内部综合性管理工作的职位。

(2) B类，即国家机关和相关机构中，从事机关内的专业技术工作，对机关的业务工作提供专业技术支持的职位，以及直接将各项具体规定施于公民、法人和其他组织的行政执法职位。

(3) C类，即乡镇一级的有关职位。

描述题，每题评价标准为：1. 完全不符合；2. 不太符合；3. 不确定；4. 较符合；5. 完全符合。请您根据实际情况选择。

描述	完全不符合	不太符合	不确定	较符合	完全符合
1. 我感到我的晋升机会很小	1	2	3	4	5
2. 我要加班才能完成领导交办的工作	1	2	3	4	5

续表

描述	完全不符合	不太符合	不确定	较符合	完全符合
3. 我做的工作与我的岗位职责不一致	1	2	3	4	5
4. 我被夹在同事之间左右为难	1	2	3	4	5
5. 因工作性质,我没时间照料老人和孩子	1	2	3	4	5
6. 只有找到靠山,我才有升职的希望	1	2	3	4	5
7. 领导对我工作质量的要求过高	1	2	3	4	5
8. 我做着一些可有可无的事情	1	2	3	4	5
9. 单位内部人员关系紧张,尤其在单位出现职务空缺时	1	2	3	4	5
10. 物价、房价让我感觉压力很大	1	2	3	4	5
11. 留在目前这个单位,我感到在浪费时间	1	2	3	4	5
12. 领导给我分派的任务太复杂或太难了	1	2	3	4	5
13. 我不清楚该向谁汇报工作,也不清楚谁该向我汇报工作	1	2	3	4	5
14. 我在工作中做的事情被某些人认可,另一些人并不认可	1	2	3	4	5
15. 工作性质使得我不能尽到照顾家庭的责任	1	2	3	4	5
16. 我担心我的专业知识陈旧而被淘汰	1	2	3	4	5
17. 领导交给我的工作任务难度大	1	2	3	4	5
18. 我清楚单位对我的岗位安排	1	2	3	4	5
19. 我感到与同事沟通不畅	1	2	3	4	5
20. 每月拿到手的工资只够维系家庭基本生活开支,很少有结余	1	2	3	4	5
21. 单位缺乏清晰的青年公务员职业规划体系	1	2	3	4	5
22. 我需要同时做多项工作任务	1	2	3	4	5

续表

描述	完全不符合	不太符合	不确定	较符合	完全符合
23.我不太了解我的工作和我的岗位职责之间的关系	1	2	3	4	5
24.处室(科室)间沟通不畅	1	2	3	4	5
25.如果我不当公务员,在企业工作更能发挥我的才能	1	2	3	4	5
26.工作任务繁重,我需要超负荷工作	1	2	3	4	5
27.我要做其他同事职责范围内的事情	1	2	3	4	5
28.我在工作中遇到困难很少得到同事的帮助	1	2	3	4	5
29.面对现在的工作任务,我感到力不从心	1	2	3	4	5
30.我感到我的休息时间很多	1	2	3	4	5

请您对您以下能力的胜任状况进行自我评价。(请在"胜任状况自评"栏中填写相应的阿拉伯数字)

要素名称	胜任状况自评	备注
政治鉴别能力		1.不胜任 2.不太胜任 3.比较胜任 4.胜任 5.非常胜任
依法行政能力		1.不胜任 2.不太胜任 3.比较胜任 4.胜任 5.非常胜任
公共服务能力		1.不胜任 2.不太胜任 3.比较胜任 4.胜任 5.非常胜任
调查研究能力		1.不胜任 2.不太胜任 3.比较胜任 4.胜任 5.非常胜任
学习能力		1.不胜任 2.不太胜任 3.比较胜任 4.胜任 5.非常胜任
沟通协调能力		1.不胜任 2.不太胜任 3.比较胜任 4.胜任 5.非常胜任
创新能力		1.不胜任 2.不太胜任 3.比较胜任 4.胜任 5.非常胜任
应对突发事件能力		1.不胜任 2.不太胜任 3.比较胜任 4.胜任 5.非常胜任
心理调适能力		1.不胜任 2.不太胜任 3.比较胜任 4.胜任 5.非常胜任
决策能力		1.不胜任 2.不太胜任 3.比较胜任 4.胜任 5.非常胜任

续表

要素名称	胜任状况自评	备注
综合分析能力		1. 不胜任 2. 不太胜任 3. 比较胜任 4. 胜任 5. 非常胜任
文字表达能力		1. 不胜任 2. 不太胜任 3. 比较胜任 4. 胜任 5. 非常胜任
全局把握能力		1. 不胜任 2. 不太胜任 3. 比较胜任 4. 胜任 5. 非常胜任
执行能力		1. 不胜任 2. 不太胜任 3. 比较胜任 4. 胜任 5. 非常胜任
计划统筹能力		1. 不胜任 2. 不太胜任 3. 比较胜任 4. 胜任 5. 非常胜任
自我认知能力		1. 不胜任 2. 不太胜任 3. 比较胜任 4. 胜任 5. 非常胜任
团队协作能力		1. 不胜任 2. 不太胜任 3. 比较胜任 4. 胜任 5. 非常胜任
处理变革能力		1. 不胜任 2. 不太胜任 3. 比较胜任 4. 胜任 5. 非常胜任
密切联系群众能力		1. 不胜任 2. 不太胜任 3. 比较胜任 4. 胜任 5. 非常胜任
其他(请写明)		1. 不胜任 2. 不太胜任 3. 比较胜任 4. 胜任 5. 非常胜任

非常感谢您的合作！

编号：＿＿＿＿＿

B卷

尊敬的干部：

此问卷是对公务员工作压力源、能力的基本情况进行调查和研究。问卷所获取的资料仅限于研究之用，不作任何其他用途。对于问卷涉及的信息和资料，我们将严格保密，决不向任何第三方提供。敬请百忙之中予以协助！

【问卷填写】请按问卷上提示的相关要求进行填写，不可空项。

【问卷回收】A卷和B卷填好、核对编号一致后,把"市+编号+A或B"作为文件名保存,以附件的形式发给我们。如南京的一位编号为001的考录公务员的问卷编号则为"南京001A",其直接上级的问卷编号则为"南京001B"。

南京师范大学公共管理学院课题组

请您对填写A卷公务员(您的直接下级)的能力进行评估。(请在"您的评估"栏内填写相应的阿拉伯数字)

要素名称	您的评估	备注
政治鉴别能力		1. 不胜任 2. 不太胜任 3. 比较胜任 4. 胜任 5. 非常胜任
依法行政能力		1. 不胜任 2. 不太胜任 3. 比较胜任 4. 胜任 5. 非常胜任
公共服务能力		1. 不胜任 2. 不太胜任 3. 比较胜任 4. 胜任 5. 非常胜任
调查研究能力		1. 不胜任 2. 不太胜任 3. 比较胜任 4. 胜任 5. 非常胜任
学习能力		1. 不胜任 2. 不太胜任 3. 比较胜任 4. 胜任 5. 非常胜任
沟通协调能力		1. 不胜任 2. 不太胜任 3. 比较胜任 4. 胜任 5. 非常胜任
创新能力		1. 不胜任 2. 不太胜任 3. 比较胜任 4. 胜任 5. 非常胜任
应对突发事件能力		1. 不胜任 2. 不太胜任 3. 比较胜任 4. 胜任 5. 非常胜任
心理调适能力		1. 不胜任 2. 不太胜任 3. 比较胜任 4. 胜任 5. 非常胜任
决策能力		1. 不胜任 2. 不太胜任 3. 比较胜任 4. 胜任 5. 非常胜任
综合分析能力		1. 不胜任 2. 不太胜任 3. 比较胜任 4. 胜任 5. 非常胜任
文字表达能力		1. 不胜任 2. 不太胜任 3. 比较胜任 4. 胜任 5. 非常胜任
全局把握能力		1. 不胜任 2. 不太胜任 3. 比较胜任 4. 胜任 5. 非常胜任
执行能力		1. 不胜任 2. 不太胜任 3. 比较胜任 4. 胜任 5. 非常胜任
计划统筹能力		1. 不胜任 2. 不太胜任 3. 比较胜任 4. 胜任 5. 非常胜任
自我认知能力		1. 不胜任 2. 不太胜任 3. 比较胜任 4. 胜任 5. 非常胜任
团队引领能力		1. 不胜任 2. 不太胜任 3. 比较胜任 4. 胜任 5. 非常胜任

续表

要素名称	您的评估	备注
处理变革能力		1. 不胜任 2. 不太胜任 3. 比较胜任 4. 胜任 5. 非常胜任
密切联系群众能力		1. 不胜任 2. 不太胜任 3. 比较胜任 4. 胜任 5. 非常胜任
其他(请写明)		1. 不胜任 2. 不太胜任 3. 比较胜任 4. 胜任 5. 非常胜任

请您对填写 A 卷公务员(您的直接下级)进行评估。(请在"您的评估"栏内填写相应的阿拉伯数字)

要素名称	你的评估	备注
1. 即使领导不在也遵守命令		1. 完全不符合 2. 比较不符合 3. 一般 4. 比较符合 5. 完全符合
2. 愿意与同事合作		1. 完全不符合 2. 比较不符合 3. 一般 4. 比较符合 5. 完全符合
3. 坚持克服困难,完成任务		1. 完全不符合 2. 比较不符合 3. 一般 4. 比较符合 5. 完全符合
4. 展示正确的公务员面貌和行为		1. 完全不符合 2. 比较不符合 3. 一般 4. 比较符合 5. 完全符合
5. 愿意承担额外责任		1. 完全不符合 2. 比较不符合 3. 一般 4. 比较符合 5. 完全符合
6. 遵循正确程序,避免未经认可的捷径		1. 完全不符合 2. 比较不符合 3. 一般 4. 比较符合 5. 完全符合
7. 敢于寻找有挑战性的任务		1. 完全不符合 2. 比较不符合 3. 一般 4. 比较符合 5. 完全符合
8. 自愿帮助他人完成他人的工作		1. 完全不符合 2. 比较不符合 3. 一般 4. 比较符合 5. 完全符合
9. 密切关注重要的细节		1. 完全不符合 2. 比较不符合 3. 一般 4. 比较符合 5. 完全符合
10. 维护领导的威信		1. 完全不符合 2. 比较不符合 3. 一般 4. 比较符合 5. 完全符合
11. 表现正确的公务员礼节		1. 完全不符合 2. 比较不符合 3. 一般 4. 比较符合 5. 完全符合

续表

要素名称	你的评估	备注
12. 支持和鼓励同事解决问题		1. 完全不符合 2. 比较不符合 3. 一般 4. 比较符合 5. 完全符合
13. 主动解决工作问题		1. 完全不符合 2. 比较不符合 3. 一般 4. 比较符合 5. 完全符合
14. 培养个人自制和自控能力		1. 完全不符合 2. 比较不符合 3. 一般 4. 比较符合 5. 完全符合
15. 积极处理工作难题		1. 完全不符合 2. 比较不符合 3. 一般 4. 比较符合 5. 完全符合
16. 自愿超出工作要求多工作,帮助他人或为单位做贡献		1. 完全不符合 2. 比较不符合 3. 一般 4. 比较符合 5. 完全符合
17. 称职地完成所交给的任务		1. 完全不符合 2. 比较不符合 3. 一般 4. 比较符合 5. 完全符合
18. 能履行工作所需的工作职责		1. 完全不符合 2. 比较不符合 3. 一般 4. 比较符合 5. 完全符合
19. 经常不能完成基本的工作任务		1. 完全不符合 2. 比较不符合 3. 一般 4. 比较符合 5. 完全符合
20. 从不会忽略必须完成工作的任何一个方面		1. 完全不符合 2. 比较不符合 3. 一般 4. 比较符合 5. 完全符合
21. 完成工作职责范围内的内容		1. 完全不符合 2. 比较不符合 3. 一般 4. 比较符合 5. 完全符合
22. 对因争取单位或部门更大的利益而有意贬低同行单位形象的现象十分气愤		1. 完全不符合 2. 比较不符合 3. 一般 4. 比较符合 5. 完全符合
23. 对所承诺的事件能不折不扣地完成		1. 完全不符合 2. 比较不符合 3. 一般 4. 比较符合 5. 完全符合
24. 自觉履行各种合同或承诺,不因某个原因随意践约		1. 完全不符合 2. 比较不符合 3. 一般 4. 比较符合 5. 完全符合

问卷结束,谢谢您的合作!

后　记

随着我国行政管理体制改革的深入,公务员普遍感觉到来自四面八方的压力,这种主观的压力感既像"发动机",可以让公务员工作充满热情;又像"猛兽",让公务员心力交瘁、精神崩溃。青年公务员是公务员队伍的希望与未来,他们的心理健康状况直接影响着我国未来的行政管理服务的输出质量。笔者通过三年的实证研究,试图深入了解青年公务员的压力源现状,结合胜任力、工作绩效等管理学概念,研究公共组织行为范畴下心理学概念与管理学概念的交互影响,并探索性地提出了一些制度创新设计。虽然目前公务员心理健康还未受顶层设计所重视,但是公务员的心理健康问题却成为影响我国建立一支高效执政队伍的内在因素。本人希望此研究能使学术界及实践界对公务员,尤其是青年公务员的心理健康问题给予更多的关切,并希冀在不久的将来,我国的公务员队伍不光是依靠自我的心理调适能力应对压力,更可以在组织层次上享受组织提供的系统的心理健康辅导、培训等专业的心理援助,在制度层次上把公务员的心理健康纳入到公务员队伍建设的核心环节中来,不断提升公务员各项能力,以输出最优质高效的公共服务。

最后,借用海子的一句诗送给奋斗在行政管理战线上的公务员们:我只愿你在尘世间获得幸福,面朝大海,春暖花开!

秦晓蕾
2015 年 4 月